Angelika von der Beek
Pampers, Pinsel und Pigmente
Ästhetische Bildung von Kindern unter drei Jahren

Angelika von der Beek

Pampers, Pinsel und Pigmente

Ästhetische Bildung von Kindern unter drei Jahren

verlag das netz

Bitte richten Sie Ihre Wünsche, Kritiken und Fragen an:
verlag das netz
Redaktion Betrifft KINDER
Kreuzstr. 4
13187 Berlin
Telefon: +49 30.48 09 65 36
Telefax: +49 30.48 15 686
E-Mail: evagrueber@verlagdasnetz.de

ISBN 978-3-937785-70-7

Alle Rechte vorbehalten
© 2. Auflage 2008 verlag das netz, Weimar · Berlin
Das Werk und alle seine Teile sind urheberrechtlich geschützt. Jede Verwertung außerhalb der Grenzen des Urheberrechtsgesetzes ist ohne Zustimmung des Verlages nicht zulässig und strafbar. Das gilt insbesondere für Vervielfältigungen, Übersetzungen, Mikroverfilmungen und die Einspeicherung und Verarbeitung in elektronischen Systemen.

Pampers ist eingetragene Marke der The Procter & Gamble Company.

Lektorat: Erika Berthold
Gestaltung: Jens Klennert, Tania Miguez
Fotos: Ulla Gollmer-Kröbl, Angelika von der Beek, Klaus Dombrowsky, Clivia Maleskat
Druck und Bindung: Colordruck, Zwickau
Printed in Germany
Weitere Informationen finden Sie unter: www.verlagdasnetz.de

Inhalt

Vorwort	6
Grundsätze	8
Wir fördern Kreativität, wenn kleine Kinder Spuren hinterlassen dürfen.	8
Wir unterstützen ästhetische Bildungsprozesse kleiner Kinder, wenn wir auf die Handhabbarkeit von Materialien achten.	10
Wir erkennen die Körperbezogenheit erster gestalterischer Aktivitäten kleiner Kinder an.	12
Materialien, Werkzeuge und Räume	13
Spuren hinterlassen mit Kleister und Farbe	13
Dreidimensionales Gestalten mit Ton	17
Wasser-Spiele im Bad	18
Experimentieren mit Sand und anderen Naturmaterialien	20
Sammlungen von Naturmaterialien	23
Papier und Pappe	23
Die Grundausstattung eines Mini-Ateliers	24
Die anderen Kinder	26
Projekte zur ästhetischen Bildung	29
Das Hundertwasser-Projekt	29
Ein Thema aus der Welt der Kunst, mit künstlerischen Mitteln umgesetzt	36
Ästhetische Bildung als Teil einer eigenständigen Krippenpädagogik	38
Quellen, aus denen Erwachsene schöpfen können	47
Erinnerung	47
Selbst ausprobieren	47
Interesse an Bildender Kunst	47
Unterschiede im Team	49
Literatur	50
Netztipps	51
Die Autorin	52

Vorwort

Als ich im Jahr 2000 die Ausstellung besuchte, in der die Bilder dieses Heftes zu bewundern waren, stockte mir der Atem. Was ich zu sehen bekam, ließ mein damaliges Wissen über »Kinderzeichnungen« ziemlich unzureichend erscheinen. Zwar fand ich Kopffüßler oder Kritzelzeichnungen. Doch die »Kritzelzeichnungen« – oder was ihnen zu entsprechen schien – hatten die Qualität abstrakter Gemälde, glichen subtilen Studien von Farben, Formen oder Materialien. Die Gesichter spiegelten intensive Beziehungen wider, und wenn es Kopffüßler zu sein schienen, hatten sie zahlreiche individuelle und intensiv erfasste Merkmale. Dann sah ich Dinge des täglichen Lebens – Früchte, Blumen oder Autos – in liebevollen Details, kraftvollen Strichen oder subtil verfließenden Farben. Ich konnte kaum glauben, dass dies Kinder zwischen ein und drei Jahren gemalt hatten, einer Altersspanne, in der die Kinder angeblich vorwiegend Schmier- und Kritzelzeichnungen zustande bringen.

So ähnlich müssen die Avantgardisten der Kunst zu Beginn des 20. Jahrhunderts erstaunt gewesen sein, als sie die Kinderzeichnungen in ihrer »Ursprünglichkeit« und »Rohheit« entdeckten und sich zum Vorbild nahmen. Aber ein Jahrhundert später, nachdem man die Kunst der Kinder, der Naiven und der Kranken gesammelt, in wissenschaftlichen Arbeiten gesichtet und in Museen ausgestellt hatte, nachdem das kleine »Kind als Künstler« von jedem einigermaßen aufgeschlossenen Elternpaar bei den eigenen Kindern entdeckt werden konnte, woher konnte dann dieses Erstaunen noch kommen?

Es war die Einsicht, dass diese Bilder das überholten, was die Entwicklungspsychologie der Kinderzeichnung als Allgemeinwissen herausgestellt hat. Diese Realität ließ die Forschung rückständig erscheinen. Wie ist das zu verstehen?

Die bildnerische Qualität zahlreicher Bilder in diesem Heft könnte der Idee vom Kind als einem unverbildeten Künstler neue Nahrung geben. So manche dieser Bilder würde man sich an die Wand hängen wollen. Und darüber hinaus: In einigen Projekten findet sich ein intensiver Dialog der Kinder mit zeitgenössischen Künstlern. Man kann unschwer nachvollziehen, wie die »kleinen Künstler« ihren großen Vorbildern (hier vertreten durch Hundertwasser) nacheifern. »Mein Hundertwasser!« ruft ein Kind entsetzt, als ein anderes in seinem Bild herummalen möchte.

Doch die Rede vom Kind als Künstler verdeckt mehr, als sie zu enthüllen vermag. Der »kleine Künstler« ist hier mehr das Ergebnis günstiger Gegebenheiten, als man zunächst erkennen kann. Meine These ist: Diese Kinder sind nicht die von der Kultur noch ungebrochenen jungen Künstler, sondern zeigen, was möglich ist, wenn man ihre Sensibilitäten, ihre handwerklichen Geschicklichkeiten, ihren Blick für das Wesentliche und ihr Interesse an der sie umgebenden natürlichen und kulturellen Wirklichkeit aufgreift, sie unterstützt, ohne sie zu belehren, und ihnen Materialen, Werkzeuge zur Verfügung stellt, die sie mit ihren körperlichen, sensorischen und psychischen Möglichkeiten handhaben können. Und das Überraschendste war für mich, dass sie mit Vor-Bildern in einer Weise umzugehen wussten, die weitaus mehr war als Kopie. Hat die Vorbildpädagogik also doch irgendwie Recht?

Ich meine also, die Leistungen dieser Kinder kommen nicht deshalb zustande, weil man sie einer »ursprünglichen künstlerischen Kreativität« überlassen hat, sondern weil sie Gelegenheit hatten, mit geeigneten bildnerischen Materialien und Werkzeugen zu experimentieren, sich intensiv mit ihren sinnlichen Erfahrungen auseinander zu setzen, mit anderen Kindern zu kooperieren, und weil sich eine Erzieherin auf ihre Wahrnehmungs- und Gestaltungsprozesse so eingelassen hat, dass jedes Kind seine eigenen Wege dabei entdecken und verfolgen konnte.

Der Gestaltungsprozess der Kinder hat aber auch nichts damit zu tun, dass die verschiedenen Kinder eine gemeinsame Aufgabe mit vorgegebenen Mitteln zu erledigen hatten, eine Bastelarbeit vielleicht, bei der dann am Schluss lauter identische Laternen herauskommen. Obwohl immer wieder formale Ähnlichkeiten wahrnehmbar sind, hat jedes dieser Kinder seine eigene Handschrift. Julianas »Mutter mit rotem Kleid« ist mit Rosas Bild von der »Mutter mit gelbem Kleid« nicht verwechselbar. Die Hundertwasseranklänge werden von Ting-Ting malerisch ganz anders umgesetzt als von Patrizia oder von Marten. Die Ergebnisse sind mit Vormachen und Nachmachen nur unzureichend erfasst, obwohl Hundertwasser als künstlerischer Pate unverkennbar ist. Was kommt also noch hinzu zu den Materialien, Gelegenheiten und persönlichen Unterstützungen?

Ich will es mit dem Sprechenlernen der Kinder vergleichen. Kein Kind lernt selbstständig zu sprechen, wenn wir es lediglich veranlassen, von Erwachsenen richtig gesprochene Sätze nachzusprechen. Vielmehr greifen Kinder auf, was sie gehört haben, und versuchen, daraus selbst etwas zu machen. Das muss im sprachlichen Sinn nicht immer ganz richtig sein. Sprechen lernen hat viele Hürden, und Kinder können nicht mehrere von ihnen auf einmal meistern. Deshalb gehen sie so vor, dass sie sich jeweils mit einem Muster vertraut machen. So erfasst ein Kind zum Beispiel die regelmäßige Bildung der Vergangenheit: »habe gespielt«. Aber es macht noch »Fehler« bei der unregelmäßigen Vergangenheitsbildung: »bin (habe) gegeht«. Es muss sich erst der einen Form sicher sein, dann kann es seine Aufmerksamkeit auf den nächsten Schritt lenken und wird sehr rasch die Besonderheiten und Ausnahmen aus den Sätzen herausfinden, die um es herum gesprochen werden.

Es lernt also nicht durch direkte Nachahmung der Sprachvorbilder, sondern es entdeckt Muster von Regelmäßigkeiten im alltäglichen Sprechen der Erwachsenen und versucht, sie in seinen eigenen Lautproduktionen zu verwenden und zu verwirklichen.

Ist es sich dessen sicher, dann sucht es sich die nächste Auffälligkeit und versucht, das Neue zu integrieren. Es baut also die Komplexität der Grammatik in kleinen Schritten auf, indem es Inseln des Könnens schafft, von denen es zu neuen Abenteuern der Entdeckung der Sprache aufbricht.
Wichtig dabei ist zweierlei: Es übernimmt vom Vorbild nur so viel, wie es augenblicklich verstehen und verkraften kann; und es lernt nicht durch sklavische Wiederholung des Vorbilds, sondern indem es das gefundene Muster in seinem konkreten Alltagshandeln verwendet. Es ahmt also nicht in erster Linie nach, sondern probiert in unterschiedlichsten Situationen aus, ob und wie es passt. Und – je nachdem – korrigiert es sich. Der Unterschied besteht vor allem darin, dass es das gefundene Muster in immer wieder neuen Situationen anwendet und damit diesen Situationen auch produktiv anpassen muss.

In diesem Sinne werden in den Gestaltungen der Kinder auch die Stilmerkmale von Hundertwasser verwendet. Sie werden nicht einfach nachgeahmt, sondern die Kinder setzen sie ein, um damit eigene Vorstellungen zu verwirklichen.

Im Grunde könnte man sagen, den Kindern gelingen diese wunderbaren Bilder und Gestaltungen, weil sie Gelegenheit haben, Elemente einer bildnerischen Sprache kennen zu lernen und mit ihnen zu arbeiten. Diese Sprache bedarf als »Träger« geeigneter Materialien, sie braucht geeignete Werkzeuge, mit welchen die Materialien von den Kinder be- und verarbeitet werden können; sie ist auf einen reichen Vorrat an sinnlichen Erfahrungen angewiesen, die in Bilder verwandelt werden können; und die Kinder werden unterstützt durch Vor-Bilder, an denen sie abgucken können, wie man mit all diesen Elementen so umgehen kann, dass Bildwerke daraus werden.

All das aber wird zusammengehalten von einer Person, die solche Materialien, Werkzeuge und Vorgehensweisen kennt; die sie ihnen so zur Verfügung stellt, dass die Kinder von den realen Schwierigkeiten nicht überrollt werden; die die Kinder ermutigt, ihnen ihre eigenen Schritte zutraut; die schließlich die Qualität der Ergebnisse zu schätzen weiß, die auf diesem Weg entstehen können. Die Frau war in diesem Fall Ulla Gollmer-Kröbl, und Angelika von der Beek hat sie in einem Dialog so begleitet, dass die notwendigen Schritte und Details immer klarer werden konnten und nun in dieser Form an die Öffentlichkeit gebracht werden.

Gerd E. Schäfer
Köln, im Mai 2007

Grundsätze

Wir fördern Kreativität, wenn kleine Kinder Spuren hinterlassen dürfen

Spuren von kleinen Kindern? Wenn Sie dabei an Marmeladenkleckse denken, liegen Sie richtig. Marmelade ist ein Material, dessen Handhabung Sie kleinen Kindern nicht beibringen müssen. Etwas selbst tun – genau das ist die Basis für die Entfaltung der kreativen Potentiale von Kindern: Wenn ich als Kind tun darf, was ich kann, dann entwickle ich mich weiter.[1]

Der französische Psychoanalytiker Daniel Widlöcher hat einfühlsam interpretiert, warum kleine Kinder gern malen[2]: »Das Kind ist vor allem an dauerhaften Spuren interessiert. Denn die Beständigkeit der grafischen Spur beglückt es besonders. Darin bildet sie das Gegenteil der klingenden Spur, die natürlicherweise sofort wieder verschwindet (...). Diese Dauerhaftigkeit der grafischen Spur ist also Quelle des Glücks. Sie ist das erste Produkt, das vor den Augen des kleinen menschlichen Wesens eine eigene, von ihm losgelöste Wirklichkeit, ein ›Double‹ darstellt.«[3]

Um zu malen, brauchen Kinder uns nicht. Im Gegenteil: Oft behindern Erwachsene ein Kind oder entmotivieren es. »Ließe man das Kind in seinen Spielen frei gewähren, so würden wir es mit Freude jede Substanz mit Hilfe seiner Finger bearbeiten sehen, welche geeignet ist, eine Spur zu hinterlassen. (...) Aber die Eltern oder die Betreuer des Kindes neigen dazu, alles von ihm fernzuhalten, was es dazu veranlassen könnte, Schmutz oder Flecken zu machen oder sich mit Schmutz zu beschäftigen.«[4]

Noch bevor ein Kind einen Strich macht, stellt die Spur sein erstes Ausdrucksmittel dar. Widlöcher macht darauf aufmerksam, dass das Kritzeln, das wir im Allgemeinen als die erste gestalterische Aktivität des kleinen Kindes ansehen, »ein Produkt unserer industriellen Zivilisation ist«.

Kinder kritzeln, weil ihnen Stifte – und keine anderen Materialien – zur Verfügung gestellt werden. Die Art des benutzten Instruments prägt den Ausdruck. Wenn ein Kind also nicht mit der Hand oder dem Pinsel, sondern nur mit einem Stift malen kann, dann ist sein erster Ausdruck die Linie.

Selbst wenn den Kindern nur Stifte und keine Pinsel zur Verfügung stehen und sie zum Malen nicht die Hände benutzen dürfen, ist der Zusammenhang von Gestalten und Bewegung unübersehbar. Widlöcher beschreibt diese Verbindung und schildert das Kritzeln als eine schwingende und sich drehende Bewegung, die ursprünglich durch die Beugung des Unterarms bestimmt ist, wobei das Handgelenk gerade gehalten wird. »Die Linien entstehen aus der Beugung und Streckung des Unterarms. Dieselbe Bewegung kann zu einer Kreisform führen, die sich von Mal zu Mal deutlicher abrundet, oder zu einer Häufung paralleler, schräger oder vertikaler Striche. (...) In diesem Stadium erkennt man, wie sehr die zeichnerische Bewegung von der Körperachse abhängt.«[6] Beherrschen Kinder ihren Körper immer besser, verändern sich ihre Zeichnungen.

Vom entwicklungspsychologischen Standpunkt aus gesehen, sind die Schmieraktivitäten junger Kinder Zeichen für sich herausbildende Fähigkeiten. Die Kin-

---

1 Siehe dazu: Beek, A. von der: Bildungsräume für Kinder von Null bis Drei. verlag das netz 2006
2 Der folgende Text ist eine Überarbeitung und Erweiterung der Grundgedanken im Kapitel »Entfaltung der Sinne«. In: Beek, A. von der: Bildungsräume für Kinder von Null bis Drei, verlag das netz, S. 94-108
3 Widlöcher, D.: Was eine Kinderzeichnung verrät. Fischer Taschenbuch 1984, S. 32
4 a.a.O., S. 32
5 a.a.O., S. 12
6 Widlöcher, D.: Was eine Kinderzeichnung verrät. Fischer Taschenbuch 1984, S. 35

Wir fördern Kreativität, wenn kleine Kinder Spuren hinterlassen dürfen

Mattis, 9 Monate alt, vermischt lustvoll den Kleister, den die Erzieherin auf das vor ihm liegende Papier gegeben hat, mit einem Klecks gelber und roter Lebensmittelfarbe.

der erkennen den Zusammenhang, der zwischen der Bewegung ihrer Hände und der Schmierspur besteht. Durch die bewussten Wiederholungen der Handbewegungen machen die Kinder, wenn man sie lässt, positive Erfahrungen mit ihrer eigenen Wirksamkeit: Das habe ich gemacht! Das kann ich!

Vielleicht wirken die nüchternen Beschreibungen von »Schmieraktivitäten« wie Berichte aus der Zeit der anti-autoritären Kindergarten-Pädagogik auf Sie, und Sie haben den Eindruck, ich würde einem Laisserfaire das Wort reden. Das liegt wahrscheinlich daran, dass es in unserem kulturellen Kontext schwierig ist, unvoreingenommen über all das zu reden, was mit »Schmieren« zu tun hat. Es ist eben nicht nur die erste Aktivität kleiner Kinder, mit deren Hilfe sie Erfahrungen mit ihrer eigenen Wirksamkeit machen können, sondern diese Tätigkeit berührt unsere kulturellen Muster und sozialen Gepflogenheiten in empfindlicher Weise. Deshalb richten sich die folgenden Überlegungen zur Förderung der Kreativität ganz junger Kinder nicht in erster Linie auf die Kinder – sie sind kreativ –, sondern auf das, was wir Erwachsene einerseits tun und andererseits lassen sollten.

Im Grunde ist es einfach: Ob wir Eltern sind oder beruflich mit kleinen Kindern zu tun haben – wir sollten uns auf das konzentrieren, was Kinder können. Das finden wir heraus, wenn wir wahrnehmend beobachten, was Kinder tun. Dazu gehören Schmieraktivitäten, die wir nicht rigoros unterbinden, sondern denen wir Raum geben sollten. Wir stehen also vor der Aufgabe, kulturverträgliche Formen für die ersten kreativen Aktionen von Kindern zu finden.

Als Erzieherin brauchen Sie eine professionelle Haltung, geeignete Räume und Materialien sowie Beratung, Fortbildung und Reflexionsmöglichkeiten im Team, um Formen zu finden, die die Neugier der Kinder befriedigen und die Bedürfnisse der Erwachsenen nicht ignorieren. Obwohl es Mütter und Väter gibt, die die ersten kreativen Handlungen ihrer Kinder intuitiv fördern – in der Regel benötigen Eltern Informationen über frühkindliche Lernprozesse, um sich nicht restriktiv, sondern unterstützend zu verhalten.

Von der Zusammenarbeit mit Ihnen und Ihren professionell arbeitenden Kolleginnen in der Krippe könnten Eltern in vielerlei Weise profitieren: im Hinblick auf die Änderung ihrer Haltung, auf die Nutzung vorhandener Räume wie des Bades oder der Küche und auf die Anschaffung so einfacher wie wirksamer Materialien.

Die Schwierigkeit im Umgang mit ganz kleinen Kindern liegt vor allem im Verlassen ausgetretener Pfade und weniger in der Aneignung komplizierter Techniken. Auch deshalb gelten die nachfolgenden Empfehlungen sowohl für Sie, die Erzieherin, als auch für Eltern.

Daniel Widlöcher begründet, warum jedes kleine Kind gern, ohne Scheu und meist voller Hingabe malt: »Das Kind ist vor allem an dauerhaften Spuren interessiert. Denn die Beständigkeit der grafischen Spur beglückt es besonders.«

Grundsätze

Wir unterstützen ästhetische Bildungsprozesse kleiner Kinder, wenn wir auf die Handhabbarkeit von Materialien achten

Die Handhabbarkeit des Materials halte ich für den wichtigsten Aspekt der Kreativitätsförderung bei Kindern von null bis drei Jahren. Handhabbar ist Material, mit dem kleine Kinder ohne Anleitung umgehen können. Dieses Kriterium erfüllen außer Kleister und flüssigen Farben auch Grafit- und Kreide-Stifte, Papiere aller Art und Ton.

Geschwindigkeit Kinder im zweiten und dritten Lebensjahr gestalterische Fähigkeiten im Umgang mit Farben, Pinsel und Papier entwickeln, wenn die grundlegenden Bedingungen förderlich sind. Angesichts der erstaunlichen Ergebnisse, die Ulla Gollmer-Kröbl in der Arbeit mit Kindern bis zum dritten Lebensjahr erreichte, könnte man von der Leistungsbereitschaft junger Kindern sprechen.

Sicherlich ist es ein wichtiges Merkmal der Professionalität von Erzieherinnen, den Entwicklungszeitpunkt und die Phase erhöhter Motivation genau zu

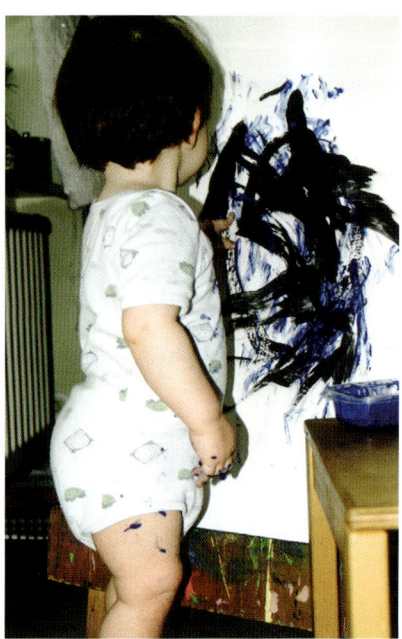

Yannik, 1,5 Jahre alt, malt zum ersten Mal auf einem großformatigen Blatt an der Staffelei und braucht noch eine Baumscheibe, um das Blatt gut zu erreichen. Er hat von der Erzieherin erst eine und dann eine zweite kontrastreiche Farbe erhalten, die er mit den Händen vermalt.

Nur der eigenständige Umgang der Kinder mit dem Material führt dazu, dass sie sich tatsächlich selbst ausdrücken können und ihre Energie nicht darin erschöpfen, sich an etwas Vorgegebenes anzupassen oder etwas nur nachzuahmen.

Wie in allen anderen Bereichen führt Selbsttätigkeit in Gestaltungsdingen dazu, dass die Kinder zu genau dem Zeitpunkt, an dem sie – neurobiologisch betrachtet – bereit sind, eine Fähigkeit zu entwickeln, dies auch tun, wenn sie nicht daran gehindert werden, und ihre neu erworbenen Fähigkeiten so lange üben, bis sie einen Grad erreicht haben, der sie subjektiv befriedigt.

Während meiner Zusammenarbeit mit der Erzieherin Ulla Gollmer-Kröbl aus der Hamburger Krippe Tornquiststraße beobachtete ich, mit welcher atemberaubenden

erkennen, um bestimmte Fähigkeiten von Kindern verstärkt zu fördern.

Ehrgeiz auf Seiten der Erwachsenen wirkt nach meinem Eindruck jedoch hemmend und demotivierend. Vielmehr kommt es auf Ihre Beziehung zum Kind, Ihre wahrnehmende Beobachtung der kindlichen Aktivitäten und auf Ihr Interesse an gestalterischen Themen an. Dies spüren auch ganz junge Kinder und nehmen in einem Maße an unserer Kultur teil, die uns zur Zeit noch in Erstaunen versetzt.

> Handhabbar ist Material, mit dem kleine Kinder ohne Anleitung umgehen können: Kleister, flüssige Farben, Grafit-Stifte, Kohle, Kreiden, alle Arten von Papieren und Ton.

Wir unterstützen ästhetische Bildungsprozesse kleiner Kinder, wenn wir auf die Handhabbarkeit von Materialien achten

Grundsätze

Wir erkennen die Körperbezogenheit erster gestalterischer Aktivitäten kleiner Kinder an

Wenn Sie Materialien gesucht und gefunden haben, deren Handhabung Sie kleinen Kindern nicht beibringen müssen, dann sollten Sie noch etwas berücksichtigen, das sich aus der Wahrnehmung spontaner kindlicher Aktivitäten ergibt: Wenn man sie lässt, benutzen Kinder als ersten Malgrund ihren eigenen Körper. Man kann immer wieder beobachten, dass kleine Kinder mit dem Pinsel ihre Hände einfärben und, wenn sie es dürfen, mit den Händen weitermalen. In der Hamburger Krippe Tornquiststraße erlebte ich, dass Kinder sich bald anderen Malgründen zuwandten, wenn sie zunächst einmal ganz selbstverständlich ihren eigenen Körper oder zumindest Hände und Arme bemalen konnten.

sensorischen Erfahrungen, auf die Gerd E. Schäfer aufmerksam macht. »Aus der Wahrnehmungsforschung wissen wir (...), dass unsere Sinne nicht getrennt voneinander funktionieren. Zwar hat jedes Sinnessystem seine eigenen Verarbeitungsnetze. Aber diese Netze stehen in enger Verbindung. Dabei erfolgt die Verknüpfung bereits auf allen Ebenen des gesamten Verarbeitungsprozesses. Die verschiedenen Wahrnehmungsweisen (Sehen, Hören, Riechen, Tasten...) beeinflussen einander bereits während des Wahrnehmungsprozesses. Sinn dieser engen Verbindung scheint zu sein, dass sich Informationen gegenseitig ergänzen können: Wenn ich etwas aus vielen Quellen weiß, weiß ich es besser, als wenn ich es nur aus einer Quelle weiß.«[7]

Kita Ludolfstraße

> Die Kinder probieren erst ihren eigenen Körper aus. Er liegt ihnen am nächsten. Mit ihm machen sie multi-sensorische Erfahrungen.
>
> ↳ verschiedene Wahrnehmungsweisen
> ⇩
> Sehen; Hören; Riechen; Tasten

Ich halte das für folgerichtig. Die Kinder probieren erst das aus, was ihnen am nächsten liegt, nämlich ihren eigenen Körper. Sie machen damit die multi-

---

[7] Schäfer, G. E. (Hrsg.): Bildung beginnt mit der Geburt. Beltz Verlag 2005, S. 38

Materialien, Werkzeuge und Räume

Spuren hinterlassen mit Kleister und Farben

Ein wichtiges Merkmal des kreativen Materials für kleine Kinder ist die Konsistenz: Es darf nicht zu hart, es muss eher weich und flüssig sein. Ein weiteres Kriterium ist die Verfügbarkeit: Es sollte in Mengen vorhanden, aber nicht zu teuer sein. Schließlich sollte das Material nicht eindimensional, sondern vielfältig einsetzbar sein. Ganz normaler Tapetenkleister erfüllt all diese Kriterien.

In der Zusammenarbeit mit Ulla Gollmer-Kröbl beobachtete ich über Jahre hinweg, wie gut sich Kleister als erstes Gestaltungsmaterial eignet. Kleister kann fest wie Pudding oder fast so flüssig wie Wasser sein. Vor allem lässt er sich mit allem Möglichen kombinieren: Filzreste, Sägespäne, zerrissene Eierkartons, Sand oder Steinchen. Dadurch wird aus dem zweidimensionalen Schmieren ein dreidimensionales Formen. Schließlich kann man auch noch Farbe hinzufügen.

Sarah 1,6 Jahre: Kleister, Sand und Lebensmittelfarbe

Hannes, 2 Jahre: Kleister, zerrissener Eierkarton und Fingerfarbe

Swantje 1,10 Jahre: Kleister und Filzreste

Vor allem kann Kleister als Bindemittel dienen. Für die ersten Experimente der Kinder haben sich Kleister und Lebensmittelfarben sehr bewährt[8]. Sie werden vermischt, und mit den entstandenen flüssigen Farben finden die Kinder von selbst zum Gestalten.

Die Beobachtung, dass kleine Kinder am besten mit flüssigen Farben – und mit den Händen – gestalten können, inspirierte die Entwicklung der so genannten Fingerfarben, die ich allerdings nicht empfehle, denn ich finde ihre Farbpalette unattraktiv. Außerdem sind sie teurer als selbst hergestellte Farben. Im Gegensatz zu diesen fertigen Produkten überzeugt mich am Kleister, dass er sich in seiner ganzen Bandbreite, vom puren Material bis zum Bindemittel, für die Kombination mit Farb-Pigmenten eignet. Wenn Sie sich über Farb-Pigmente[9] informieren, können Sie diese wunder-

---

8 Man kann Farben aus Lebensmitteln, zum Beispiel aus Roten Beeten, selbst herstellen.
9 Beachten Sie bitte, dass es giftige und ungiftige Farb-Pigmente gibt. Erkundigen Sie sich in Künstlerbedarfs-Geschäften und decken Sie sich am besten gleich mit ungiftigen Pigmenten in größeren Mengen ein.

Materialien, Werkzeuge und Räume

Leon 2,11 Jahre: Pigmente, gebunden mit Kleister, auf einem Spiegel

baren, seit dem Mittelalter in der Malerei verwendeten Substanzen auch in der Krippe einsetzen.

Schließlich sind es die Farben selbst, mit denen die Kinder in Beziehung treten. In diesem Alter können sie nur mit flüssigen, ausdrucksstarken Farben gut sichtbare Spuren hinterlassen.

Diese Überlegung führte Ulla Gollmer-Kröbl dazu, den Kindern vor allem kräftige Farben, also auch Schwarz, anzubieten. Die ersten Ergebnisse bestätigten sie darin, dass die Ausdruckskraft der Farben ein bedeutsamer Faktor für die Motivation der Kinder ist.

Zu den motivierenden Aspekten gehört auch die Stärke der Pinsel. Die Pinsel für die ersten Malversuche sollten allerdings nicht nur dick, sondern auch strapazierfähig sein. Deshalb sind runde und eckige Malerpinsel mit kurzem Stil geeignet.

Die Experimentierlust der Kinder können Sie unterstützen, indem Sie ihnen selbstgemachte Pinsel anbieten: zum Beispiel Aststücke, die mit Wolle umwickelt werden, ein Bündel Bast oder eine Feder.

Spuren hinterlassen mit Kleister und Farben   15

Ting-Ting, 2,9 Jahre: Mutter mit Kind und Vater. Kohlestift auf weißem Papier

Die ersten Materialien zum Malen sollten also »Nass-Malmaterialien« und keine »Trocken-Malwerkzeuge« sein. Deshalb sind Buntstifte – entgegen der herrschenden Auffassung auch dicke – und vor allem Wachsmalkreiden für die Kreativitätsförderung junger Kinder ungeeignet. Mit Buntstiften kann man nur zeichnen und nicht malen. Wachsmalkreiden erfordern zu hohen Kraftaufwand, um sich als Malwerkzeug für kleine Kinder zu eignen. Demgegenüber gibt es »Trocken-Malwerkzeuge«, professionelles Werkzeug für Künstler, die im Kindergarten nach meinen Beobachtungen bisher selten zur Verfügung gestellt werden. Es handelt sich um Kohle- und Grafit-Stifte[10], die sehr attraktiv sind, weil sie deutliche Spuren hinterlassen. Kinder können mit ihnen leicht und ohne Kraftaufwand zeichnen. Bei Ulla Gollmer-Kröbl habe ich erlebt, dass sich diese Investition lohnt.

---

10 Grafit ist ein ungiftiger, kristallisierter Kohlenstoff. Er wird der Mine des Bleistifts, der eigentlich Grafitstift heißen müsste, beigegeben. Je mehr Grafit in der Mine ist, desto weicher und schwärzer schreibt der Stift.

Materialien, Werkzeuge und Räume

> Die Handhabbarkeit der Malwerkzeuge ist entscheidend für die Motivation junger Kinder. Sie brauchen Werkzeuge, mit denen sie gut sichtbare Spuren hinterlassen können.

In diesem Zusammenhang möchte ich von einem Experiment berichten, das Ulla Gollmer-Kröbl mit Simon machte, der damals drei Jahre alt war. Sie bat ihn, mit drei verschiedenen Werkzeugen eine Sonnenblume in der Vase zu malen, und zwar mit Bleistift, mit Filzstift und mit Wasserfarben. Man sieht, dass Simon sehr wohl in der Lage war, mit allen drei Werkzeugen, also auch mit dem Bleistift, umzugehen. Und doch wird – wenn man sich die drei Bilder nebeneinander anschaut – klar, dass die mit Wasserfarben gemalte Blume das Bild mit der stärksten Ausstrahlung ist. Dies legt die Vermutung nahe, dass es solche Bilder sind, die Simon zum Weitermalen animierten.

Simon, 3 Jahre: Sonnenblume. In drei verschiedenen Techniken gemalt

Simon begann zu diesem Zeitpunkt, »nach der Natur« zu malen, also das darzustellen, was die Erzieherin ihm anbot, zum Beispiel eine Banane.

Zu den geeigneten Malwerkzeugen gehört der passende Maluntergrund. Kleine Kinder brauchen, entgegen der üblichen Praxis, große Formate, also mindestens DIN-A-3, gelegentlich auch größer, und kein dünnes, sondern dickes Papier, das ihren Experimenten stand-

Laura 1,10 Jahre: Pigmentfarben mit Pinsel auf Packpapier

hält. Solches Papier müssen Sie nicht unbedingt für teures Geld kaufen. Sie können die Rückseiten von Plakaten benutzen, Pappen oder Packpapier.

> Kreatives Material für Kinder unter drei Jahren:
> - Kleister und flüssige Farben;
> - dicke Pinsel, zum Beispiel Malerpinsel;
> - Grafit-Stifte, Kohle, eventuell Aquarellmalkreiden;
> - großformatiges, auf jeden Fall strapazierfähiges Papier.

Dreidimensionales Gestalten mit Ton

Neben dem Malen sollten die Kinder Gelegenheit zum dreidimensionalen Gestalten haben. Zum Formen bietet sich gerade für junge Kinder das Naturmaterial Ton an, nicht Knete oder Salzteig.

Liegt der Ton auf einem Tisch, an dem mehrere Kinder gut an ihn herankommen, ergibt sich möglicherweise eine Zusammenarbeit, die kurz oder auch so lange anhalten kann, bis ein Gemeinschaftswerk entstanden ist.
Der Tisch, auf dem der Ton liegt, sollte so hoch sein, dass die Kinder im Stehen daran arbeiten können,

Kinder beim Experimentieren mit Ton

Die Kinder bekommen den Ton in einem großen Klumpen, am besten ein 10-Kilo-Block. Er wird ihnen nicht in kleinen Portionen zugeteilt. Sie dürfen mit dem Material experimentieren, und auf irgendein Produkt kommt es nicht an.

Warum so viel Ton auf einmal? Nur der große Klumpen fordert die Kinder heraus, ihn mit ihren Sinnen zu erfassen: Sie patschen mit den Händen auf dem Ton herum, erkunden seine Oberfläche und seine Konsistenz, erfahren dabei, ob er glatt oder rau ist, bohren ihre Finger hinein, nehmen seinen Geruch wahr, versuchen, ihn hoch zu heben und zupfen oder reißen schließlich Stücke ab.
Die Formen, die entstehen, sind zufällig. Entweder sie werden von den Kindern wieder vernichtet, oder sie sind Ausgangspunkt für weiteres Formen und Gestalten.

Erste »Grundformen« wie Walze und Kugel finden die Kinder ganz von allein. Aus Rollen werden »Schlangen« oder »Schnecken« und aus Kugeln »Bälle«, »Obst« oder »Männchen«.

Aus den von den Kindern selbstständig gefundenen Formen, die auch über längere Zeit einen zufälligen Charakter behalten können, entwickeln sich sowohl »Geschichten« als auch Konstruktionen (Bauwerke). Die Kinder benennen ihre »Produkte«, sie spielen damit und regen einander zu Deutungen und der Fortentwicklung von Geschichten an.

und er sollte eine widerstandsfähige Oberfläche haben. Wachstuchdecken sind unpraktisch. Mit einem Schaber lässt sich der Ton von der Tischplatte lösen.

Steht den Kindern auf dem Tisch eine kleine Schüssel mit Wasser zur Verfügung, machen sie die Erfahrung einer anderen Konsistenz des Tons und können ihre Gestaltungsmöglichkeiten erweitern. Doch warten Sie mit diesem Angebot, bis Sie sicher sind, dass die Kinder mit dem »matschigen« Ton so umgehen, dass es keine »unangenehmen« Überraschungen gibt. Am unbeschwertesten lässt sich mit Wasser und Ton natürlich im Sommer und draußen umgehen. Oder im Bad.

Erst nach ausgiebigem Experimentieren mit dem Ton sollten Sie den Kindern Hilfsmittel wie Kämme, Gabeln oder Holzstäbchen und Naturmaterialien wie Steinchen, Muscheln oder Federn zugänglich machen. Sagen Sie den Kindern, dass sie mit dem Ton nach Herzenslust experimentieren können und dass es nicht darauf ankommt, am Ende ein »Produkt« mit nach Hause zu nehmen. Deshalb wird der Ton zu einem verabredeten Zeitpunkt wieder zu einem Klumpen verarbeitet, der in seinen Behälter zurückkommt.

In Ausnahmefällen oder im Rahmen eines Projekts sollte es natürlich möglich sein, dass die Kinder kleine Figuren oder ähnliches aufbewahren. Auch in diesem

Fall muss der Ton nicht gebrannt, sondern kann an der Luft getrocknet werden. Wenn Sie die Arbeit mit Ton als ein alltägliches »Angebot« an die Kinder betrachten, kommen Sie gut ohne Brennofen aus.

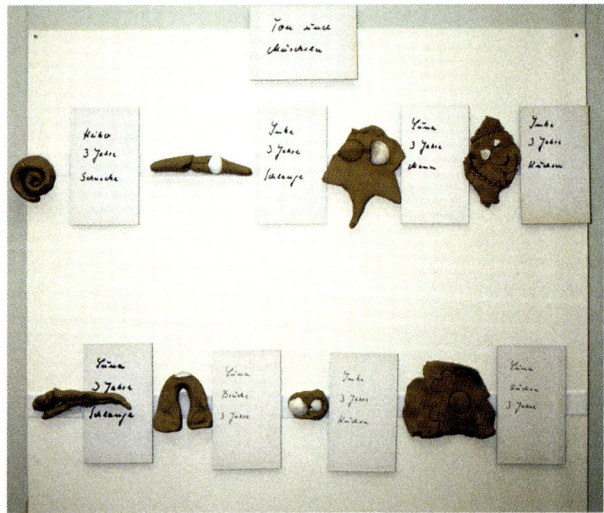

Ausstellung von Tonarbeiten der Kinder in der Hamburger Krippe Tornquiststraße

Das Material Ton hat viele Vorteile: Es ist ein Produkt der Natur und verursacht keine Hautprobleme, die bei selbst gemachter Knete oder Salzteig auftreten können. Fachgerecht gelagerten Ton können die Kinder selbstständig verarbeiten, während normale Knete oft so hart ist, dass Sie Hilfestellung leisten müssen. Im Vergleich mit der ebenso leicht zu verarbeitenden und hautfreundlichen Bioknete lassen sich Tonfiguren längere Zeit aufbewahren – auch wenn sie nicht gebrannt werden. Als Naturprodukt lässt Ton sich, auch seiner verschiedenen Erdtöne wegen, gut mit anderen Materialien kombinieren.[11]

> Neben dem zweidimensionalen Malen sollten junge Kinder Gelegenheit zum dreidimensionalen Gestalten haben. Hier bietet sich das Naturmaterial Ton – nicht Knete oder Salzteig – an. Die Kinder dürfen mit dem Material experimentieren. Sie bekommen den Ton in großen Klumpen und nicht in kleinen Portionen zugeteilt.

Wasser-Spiele im Bad

Bei der Suche nach geeigneten Orten für die Entwicklung der Kreativität kleiner Kinder in den Räumen einer Kita oder in der Wohnung einer Familie stößt man früher oder später auf das Bad. Alle Eltern wissen, wie gern Kinder mit Wasser spielen. Auch Sie können ein Lied davon singen und haben so manches Mal – aus nachvollziehbaren Gründen – alle Mühe, Wasserspiele zu begrenzen oder zu verhindern. Deshalb sollten Sie sich mit dem Team über die Ausstattung eines Bades Gedanken machen, die es Ihnen erleichtert, den Kindern zu erlauben, mit Wasser zu experimentieren.

In Kitas bieten sich Waschrinnen an, denn damit setzen die Kinder nicht zwangsläufig das ganze Bad unter Wasser. Wenn es doch zu »Überschwemmungen« kommt, ist ein Ablauf im Boden hilfreich. Mit der Waschrinne und einem großen Schieber, mit dem Sie das Wasser in den Ablauf befördern, sorgen Sie dafür, dass aus einem bislang ungemein zeitaufwendigen, kräfteverschleißenden Angebot ein alltägliches Ereignis wird, das allen Beteiligten Vergnügen bereitet. Waschrinnen haben darüber hinaus den Vorteil, dass mehrere Kinder gemeinsam spielen können und trotzdem genügend Platz vorhanden ist, um individuelle Aktivitäten zu entfalten.

Ich habe beobachtet, dass kleine Kinder bei den ersten Spielen mit Wasser in der Waschrinne sehr vorsichtig sind. Sie probieren zuerst die Gegenstände aus, die sie kennen. Also sollten sich Becher und Schaufeln unter den Materialien befinden, die für die Kinder in einem Korb bereit stehen. Dazu gehören auch Geräte aus der Küche wie Trichter, Schöpflöffel, Schaumkellen oder Schneebesen. Mit ein paar Tropfen flüssiger Seife können die Kinder mit dem Schneebesen in der Waschrinne Schaum schlagen und dann mit den Utensilien aus der Küche experimentieren.

Wenn sich die Kinder ausziehen, können sie ungehemmter agieren. Auch damit sich der Arbeitsaufwand für Sie im Rahmen hält, sollte es die Regel geben, dass die Kinder an der Waschrinne spielen dürfen, wenn sie sich – bis auf die Unterhose – ausziehen. Oft ist es im Sanitärraum allerdings zu kühl. Dann muss dafür gesorgt werden, dass Fenster und Türen

---

11 Für die Krippe gilt: 4 Kinder = 10 Kilogramm Ton. Diese Menge Ton, weiß, gelb oder braun, kostet zur Zeit cirka 9,00 Euro. Ton wird am besten in einem Eimer aufbewahrt, über den ein feuchtes Tuch gelegt wird. Wenn die Kinder das Material jeden Tag benutzen, wird es nicht hart und hält viele Monate lang.

Wasser-Spiele im Bad

geschlossen sind und die Heizung an ist. Eine Gummimatte[12] schützt die Kinder vor dem kalten Fußboden, und am Ende der Spielphase sollten Sie mit großen Badehandtüchern bereitstehen, um die Kinder abzutrocknen.

Der Aufwand, zwei oder drei kleine Waschbecken durch eine Waschrinne zu ersetzen, lohnt sich.[13] Es gibt kaum eine Aktivität, die kleine Kinder mit mehr Ausdauer und Konzentration verfolgen, als das Experimentieren mit Wasser. Wie alle, die mit kleinen Kindern zu tun haben, wissen Sie, dass jede sich bietende Gelegenheit genutzt wird, um an Wasserhähnen zu hantieren und das Phänomen Wasser an allen möglichen Orten, selbst in der Toilette, zu untersuchen.

Wenn Sie den Kindern eine Waschrinne als Spielmöglichkeit zur Verfügung stellen, geschieht das erstens, weil Sie die Kinder beobachtet haben, zweitens, weil sie sich dort selbstständig betätigen können, drittens ermöglichen Sie ihnen Erfahrungen über ihr größtes Sinnesorgan, die Haut, und viertens können sie sich mit Themen wie dem Einfüllen, Umfüllen und Ausleeren, also mit dem, was physikalischen Fragen zugrunde liegt, beschäftigen.

Zu Hause können die Kinder in der Badewannen oder Dusche planschen. Bestärken Sie die Eltern, das zuzulassen. Und ermutigen Sie Ihre Kolleginnen, sich in der Einrichtung für den Einbau großer Duschtassen einzusetzen. In manchen Häusern sind Duschen sogar vorhanden, dienen aber ausschließlich der Körperhygiene und werden den Kindern nicht zum Spielen zur Verfügung gestellt. Falls das bei Ihnen so ist, sollten Sie es ändern.

Planschbecken in der Hamburger Krippe Tornquiststraße

Im Sommer bieten viele Kitas den Kindern draußen Gelegenheit zum Planschen, zum Beispiel in aufblasbaren Becken. Das heißt aber, dass es diese Möglichkeit im Frühling, Herbst und Winter nicht gibt. In Hamburger Krippen besorgten engagierte Pädagogen solche aufblasbaren Becken auch für drinnen und mussten feststellen, dass der Aufwand enorm war: einfüllen, entleeren, trocknen, aufbewahren... Deshalb lohnt es sich wirklich, ein größeres Duschbecken zu installieren, das sowohl den Bedürfnissen von Kindern als auch Ihren Interessen gerecht wird: Die Kinder können alltäglich und unkompliziert Erfahrungen mit Wasser machen, und Sie können den Ort ohne übermäßigen Aufwand als »vorbereitete Umgebung« nutzen, um die Kinder mit Farben, Kleister oder Rasierschaum experimentieren zu lassen.

Kinder beim Experimentieren mit Wasser an der Waschrinne, Kita Sackpfeife

---

12 Anregend für die Fußsohlen der Kinder sind Holzstabmatten, die auch eine angenehme Atmosphäre verbreiten.
13 Wenn Platz und die sanitären Anschlüsse vorhanden sind, kann die Waschrinne zusätzlich eingebaut werden.

Materialien, Werkzeuge und Räume

Kinder beim Experimentieren mit Rasierschaum, Krippe Tornquiststraße

Es gibt kaum etwas, das kleine Kinder mit mehr Ausdauer und Konzentration machen, als das Experimentieren mit Wasser. Sie brauchen dazu
- Waschrinnen,
- größere Duschbecken (drinnen),
- Planschbecken (draußen)

als alltägliche Spielmöglichkeiten.

Experimentieren mit Sand und anderen Naturmaterialien

Kindersand

Das Schönste für Kinder ist Sand.
Ihn gibt's immer reichlich.
Er rinnt unvergleichlich
zärtlich durch die Hand.
Weil man seine Nase behält,
wenn man auf ihn fällt,
ist er so weich.
Kinderfinger fühlen,
wenn sie in ihm wühlen,
nichts als das Himmelreich.
Denn kein Kind lacht
über gemahlene Macht.

       Joachim Ringelnatz[14]

Im Garten hat wohl jede Kita einen Sandkasten. Warum gibt es eigentlich drinnen so selten Sandkästen? An der fehlenden Freude der Kinder am Spiel mit Sand kann es nicht liegen. Vermutlich liegt es eher an der mangelnden Lust der Erwachsenen, den Sand aufzukehren.

Ein weiterer Grund wird sein, dass die Kinder draußen etwas anderes vorfinden sollen als drinnen. Dieses Argument finde ich nicht überzeugend. Schließlich muss es kein großer Sandkasten sein, den Sie drinnen aufstellen. Kürzlich erzählten mir Erzieherinnen, die zum ersten Mal Kinder unter drei Jahren aufgenommen hatten, dass sie nicht gewusst hätten, wie sie die Eingewöhnungsphase hätten überstehen sollen, wenn sie den Sandkasten im Gruppenraum nicht gehabt hätten.

Sand ähnelt Wasser. Er ist so weich und nachgiebig, aber nicht so flüssig wie Wasser. Seine Konsistenz liegt zwischen Wasser und Ton. Auch Ton kann weich und formbar sein, doch für das Arbeiten mit Ton brauchen Kinder körperliche Kraft. Das ist beim Sand nicht nötig. Sie können ihn durch die Hände und durch Siebe, Trichter oder Schaumkellen rieseln lassen. Formen entstehen, die sich verändern und wieder neue Formen bilden. Das Wechselspiel mit Sand ist entspannend und vergnüglich.

Vom Nachbau des Sandkastens im Garten abgesehen, gibt es im Innenraum zwei unterschiedliche Möglichkeiten, den Kindern Sand anzubieten: einen kleinen

---

14 Zitiert nach: Seitz, M.: Schreib es in den Sand. Don Bosco Verlag 1996, S. 13

Experimentieren mit Sand und anderen Naturmaterialien

Die Kinder der Weimarer Kita »Sackpfeife« haben in ihrem Atelier keine Sandwanne, sondern einen Kasten mit Sand und verschiedene Materialien, mit denen sie experimentieren können.

Kasten mit Sand und eine Sandwanne, die die Kunstpädagogin und Kindertherapeutin Marielle Seitz beschreibt. Beide Behältnisse stehen auf einem Tisch, so dass die Kinder sich nicht hineinsetzen können. Während der Kasten tief ist und eher zum dreidimensionalen Bauen oder zum Experimentieren mit unterschiedlichen Volumina anregt, ist die Sandwanne flach, also nur 5 bis 7 Zentimeter tief, und hat eine begrenzte Fläche, zirka 50 mal 70 Zentimeter. Diese Fläche sollte rechteckig sein, damit sich die Kinder bewusst für ein Hoch- oder Querformat entscheiden können, denn: »Ein Rechteck hat eine andere Wirkung auf uns als ein Quadrat oder ein Kreis. Es ist herausfordernder, dynamischer. Ein Quadrat oder ein Kreis drücken durch ihre vorgegebene Form Ruhe und Konzentration aus. Beim Rechteck ist das Kind angehalten, das Zentrum im Raum gestaltend zu suchen. Außerdem eignet sich das Rechteck besser als das Quadrat zum achsensymmetrischen Zeichnen.«[15]

Der Sand in der Wanne sollte fein und trocken sein, während der Sand in einem Kasten auf dem Tisch auch gröber sein kann. Da sich Marielle Seitz vor allem mit

---
[15] Seitz, M.: Schreib es in den Sand. Don Bosco Verlag 1996, S. 19

Materialien, Werkzeuge und Räume

Ein Kind mit Schälchen im Bohnenbad, Krippe Tornquiststraße

Ein Kind mit einer Schüssel Bohnen, Schäufelchen und kleinen Behältern, Krippe Tornquiststraße

grafo-motorischen[16] Aspekten beschäftigt, sind ihre Beispiele besonders für die Arbeit mit Elementarkindern interessant. Ich kann mir jedoch gut vorstellen, dass eine glatte Sandfläche in einer Wanne auf Kinder unter drei Jahren ebenso anziehend wirkt wie farbiger Kleister auf einem Malbrett oder auf einem Spiegel. Sicherlich gilt das, was Marielle Seitz für Kindergarten- und junge Schulkinder anführt, auch für Krippenkinder: nämlich die Förderung von Konzentration, Feinmotorik und Bewegungskoordination durch das Zeichnen im Sand.

Wie Sand und Wasser, Kleister und Ton gehören Bohnen zu den Materialien, mit denen alle Kinder etwas anfangen können. Zwar geben Erwachsene zu bedenken, dass der Umgang mit dem Material, bei dem es sich zudem noch um ein Lebensmittel handelt, hohen Aufwand verursacht, und befürchten, dass die Kinder gesundheitlichen Schaden nehmen könnten, wenn sie sich an den Bohnen verschlucken oder sie in ihre Körperöffnungen stecken. Aber mir sind solche Fälle nicht bekannt, und ich kann Sie, wenn Sie diese prinzipiellen Bedenken nicht teilen, nur ermuntern, das Material zumindest auszuprobieren und die Kinder dabei sorgfältig zu beobachten. Sicherlich werden Sie wie ich feststellen, dass Bohnen geradezu faszinierend auf Kinder wirken, insbesondere wenn es sich um ein Bad aus Feuerbohnen handelt, in das die Kinder sich hineinsetzen können.[17]

In einem Bohnenbad haben die Kinder die Möglichkeit, die Bohnen auf der Haut zu spüren, sich mit und in ihnen zu bewegen, sie durch die Hände gleiten zu lassen oder sie mit den Zehen zu greifen. Außerdem können sie sich mit physikalischen und mathematischen Vorgängen wie dem Einfüllen, Ausleeren, Umfüllen und Sortieren befassen.

Am besten wäre es also, den Kindern stünden ein Bohnenbad und diverse Schüsseln oder andere Behälter mit Bohnen zur Verfügung. Natürlich können Sie auch andere Hülsenfrüchte nehmen, die sich allerdings schlechter einsammeln lassen. Im Herbst eignen sich Kastanien gut zum Einfüllen oder Ausschütten.

---

16 Grafo-motorische Aspekte sind Bewegungsaspekte des Zeichnens und Malens.
17 Beek, A. von der: Bildungsräume für Kinder von Null bis Drei. verlag das netz 2006, S. 80 f.

Sammlungen von Naturmaterialien

Nicht unmittelbar zum Gestalten, erst recht nicht zum »Basteln«, aber für die Anregung ihrer Sinne können kleine Kinder noch anderes »Zeug« gebrauchen. Für möglichst unterschiedliche Materialien argumentiert Petra Kathke, wenn sie sagt, dass das Kind »(...) beim Spüren unterschiedlicher Materialeigenschaften (...) zugleich sich selbst (spürt)«.[18] Sprödigkeit ruft in uns andere Empfindungen hervor als Glätte, Trockenheit andere als Feuchtigkeit.

Demgegenüber wirkt ein industriell gefertigter Gegenstand monoton, alterslos und uniform. Bei seiner Herstellung werden Spuren stofflicher Eigentätigkeit als Fehler getilgt. »Die Ursache seines Aussehens ist fremdgestaltet, während ein natürlicher Gegenstand die Ursache seiner Form und seiner Oberfläche in sich hat.«[19] Die Dinge sollten nicht nur zu oberflächlichem Tasten animieren, sondern den Wunsch hervorrufen, sie ganz zu erfassen, in ihren Farbnuancen, Formen und Eigenschaften.

In der Krippe Tornquiststraße stehen den Kindern seit vielen Jahren Sammlungen von Naturmaterialien auf einer Höhe zur Verfügung, die sie jederzeit erreichen können. Das führte oft zu der Nachfrage, ob Kinder in diesem Alter mit solchen Sachen wirklich umgehen können. Nach meinem Eindruck sind diese Materialien für kleine Kinder am interessantesten. Ob es sich um bizarre Baumwurzeln, seidig glatte Muscheln oder um gesprenkelte und schwach duftende, kleine Kürbisse handelt: Die Kinder nehmen sie mit großer Intensität und manchmal geradezu hingebungsvoll wahr.

Naturmaterialien in Körben auf einem Spiegel

> Das Kind, so Petra Kathke, spürt durch unterschiedliche Materialeigenschaften zugleich sich selbst.

Papier und Pappe

Papier ist das Material, das sich als erstes Gestaltungsmaterial in der Krippe am meisten bewährt hat. Es ist ungemein vielfältig, nicht unbedingt teuer und oft sogar kostenlos. Man muss es nur sammeln: unaktuelle Plakate mit neutraler Rückseite, Packpapier, Kataloge, Illustrierte, Zeitungen, Wellpappe, Einwickelpapier, Pappe, Pappkartons, Papprollen...

Außerdem gibt es Druckereien, die Ausschussware kostenlos abgeben. Und Butterbrotpapier, Küchenrollen oder Papiertaschentücher finden Sie preiswert in den Supermärkten.

Dennoch sollten Sie auch das eine oder andere kostbare Papier besorgen. Allerdings finden sie es kaum auf den Bastelseiten der Kataloge einschlägiger Kindergarten-Ausstatter, sondern eher in Künstlerbedarfs-Geschäften oder in Katalogen für Künstlerbedarf.

Im Gegensatz zu weißem färbt farbiges Seiden- und Krepppapier sehr stark. In der Regel sind die Farben gesundheitsschädlich, so dass Sie nur weißes Seiden- und Krepppapier anschaffen oder gleich zu wunderschönem japanischen Transparentpapier greifen sollten.

Dafür sparen Sie in der Krippe das Geld für die übliche Bastelausstattung. Teurer Tonkarton, zum Beispiel, ist verzichtbar. Er eignet sich in der Krippe nur als Passepartout, aber dafür würde ich neutralere Untergründe vorziehen.

Das Papier können die Kinder reißen, knüllen, knittern, rollen, falten oder schnipseln und es anschließend rieseln lassen oder ein »Bad« darin nehmen. Papier, bei dem Kinder aus dem Vollen schöpfen dürfen, ist folgerichtig auch ein Malgrund, mit dem sie experimentieren können. Sie werden ausprobieren, welche Farben man zum Beispiel auf schwarzem Karton sieht oder wie sich die Farben verändern, wenn das Papier gelb ist.

> Papier ist ein vielfältiges erstes Gestaltungsmaterial für junge Kinder, das in größeren Mengen nicht teuer ist und oft gar nichts kostet. Man muss es nur sammeln. Doch auch das eine oder andere kostbare Papier sollte vorhanden sein.

---

18 Kathke, P.: Sinn und Eigensinn des Materials. Band 1. Beltz Verlag 2001, S. 197
19 a.a.O., S. 199

Die Grundausstattung eines Mini-Ateliers

Kleister, flüssige Farben, Pinsel, Ton und ausgewählte Stifte, zum Beispiel Grafit- und Kohlestifte, sowie eine Sammlung von Papieren – dies ist die Material-Grundausstattung eines Ateliers für Krippenkinder. Durch eine Sammlung von Naturmaterialien kann sie ergänzt werden. Außer dem üblichen Tisch gehört auch eine Staffelei zur Grundausstattung.

Eine doppelseitige Staffelei lässt sich mit einfachen Mitteln selbst herstellen. Man nimmt zwei Platten, die man mit einem sogenannten Klavierband miteinander verbindet. Als Beine dienen jeweils zwei, also insgesamt vier, Kanthölzer, auf denen die Platten befestigt werden. Möglichst weit unten an den Brettern wird jeweils ein Kasten für die Farben angebracht, oben werden Klemmen für die Malblätter befestigt, und dann fehlt nur noch ein Scharnier oder eine Kette, die die beiden Staffeleibretter daran hindert, auseinander zu rutschen.

Nicht nur für junge Kinder, aber auch für sie ist es wichtig, sich die Position auszusuchen, in der sie malen möchten: Entweder im Stehen am Tisch, an einer Staffelei oder kniend beziehungsweise hockend auf dem Boden. Im Sitzen zu malen ist für Krippenkinder offenbar eher unangenehm, vor allem, wenn sie nicht mit den Füßen auf den Boden kommen.

Hat die Staffelei zwei Seiten, können zwei Kinder gleichzeitig malen. So eine Staffelei spart Platz, da man sie einklappen und wegstellen kann. Sind die Lichtverhältnisse gut und ist genügend Platz vorhanden, kann die Staffelei auch an der Wand angebracht werden.

Für die Kleinsten sind Tischstaffeleien günstig.

Selbstgebaute Staffelei, Krippe Tornquiststraße

Wandstaffelei mit Kasten für die Farben, Mini-Atelier in der Kita Kohlhöfen

Bewährt haben sich Malbretter, auf denen das Papier mit Tesakrepp oder ähnlichem befestigt wird. Diese Bretter bilden eine natürliche Grenze. Wenn ein Kind nicht mehr weiter malen will, kann das Bild auf dem Brett in ein dafür vorgesehenes Trockenregal[20] geschoben werden.

---

20 Bauanleitung in: Beek, A. von der/Buck, M./Rufenach, A.: Kinderräume bilden. Beltz Verlag, Weinheim/Basel/Berlin 2001, S. 129. Im Glossar wird auf S. 173 erläutert: »Ein Malbretterturm ist ein Trockenregal, das mit Brettern bestückt ist. Die Bretter können als Maluntergrund leer aus dem Turm herausgezogen und mit den Werken der Kinder wieder in ihn zurückgeschoben werden. So haben die Arbeiten auch auf dem Transportwege einen sicheren Halt. Die turmartige Anordnung spart Platz, der dringend gebraucht wird. Fehlt dieser vorbereitete Ort der Aufbewahrung, belegen die trocknenden Werke alle freien Flächen. Da kleine Kinder große Blätter zum Malen brauchen, sollten die Malbretter mindestens für das Format DIN A3 geeignet sein. Schön wäre, wenn auch die für Staffeleien notwendigen großformatigen Blätter im Malbretterturm abgelegt werden könnten, das heißt, es Fächer im Format DIN A2 gäbe. Am besten eignen sich als Malbretter dünne Kunststoffplatten (Vollkernplatten). Sie sind wasserfest und leichter als beschichtete Spanplatten.«

Die Grundausstattung eines Mini-Ateliers   25

Wasserstelle in Erwachsenenhöhe mit herausziehbarer Stufe für die Kinder, Atelier in der Kita Kohlhöfen

Da bei Kindern unter drei Jahren Körperpflege eine besonders wichtige Rolle spielt, muss ohnehin eine Wasserstelle in der Nähe sein. Optimal wäre die Ausstattung des Mini-Ateliers mit einer eigenen Wasserstelle.

Mehr ist nicht nötig – aber auch nicht weniger. Das »Geheimnis« des Mini-Ateliers ist, dass es da ist. Haben die Kinder alltäglich diese Gelegenheit, werden sie sie nutzen.

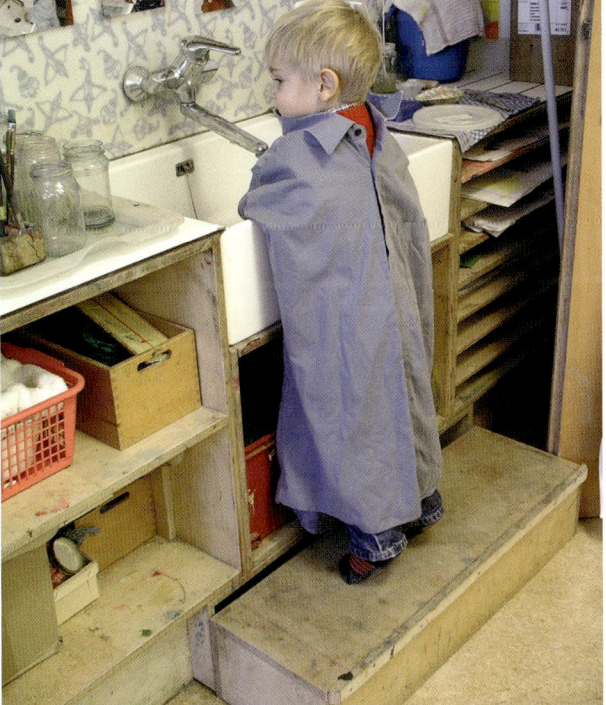

Wasserstelle in Erwachsenenhöhe, mit herausziehbarer Stufe für die Kinder, Mini-Atelier, Kita Ludolfstraße

Die anderen Kinder

Je kindzentrierter der pädagogische Alltag ist, desto stärker kommt die Rolle der anderen Kinder zum Tragen. Dies können Sie fördern, indem Sie die Räume und Materialien so »sprechen« lassen, dass sie die Interaktionsmöglichkeiten der Kinder wirksam unterstützen.

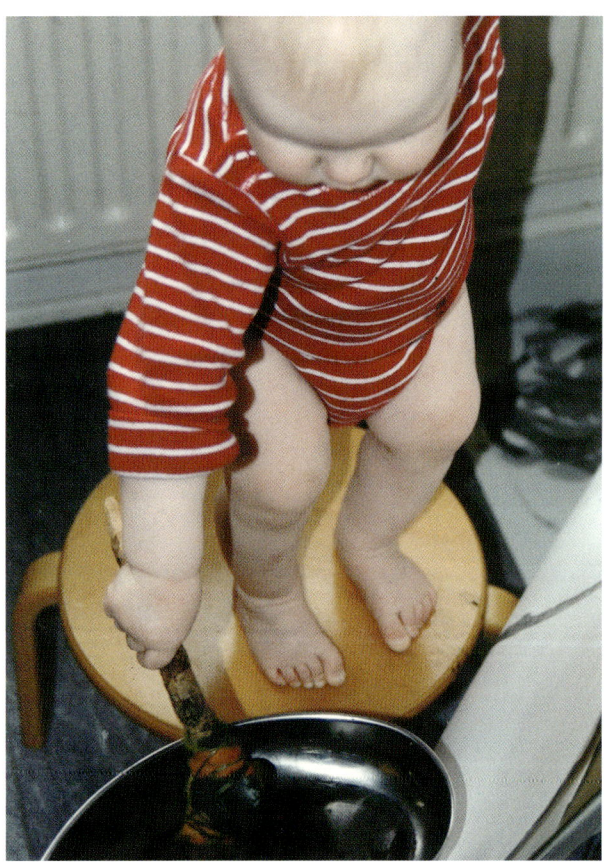

Das ist der Fall, wenn genügend Betätigungsmöglichkeiten für alle da sind, wenn Kinder Wahlmöglichkeiten haben, wenn sie einander sehen und ihr Spiel miteinander verbinden, aber auch nebeneinander spielen oder sich aus dem Weg gehen können. Da für kleine Kinder die räumliche – genauer: die körperliche – Nähe anderer Kinder den Ausschlag für die Entwicklung einer Beziehung gibt, sollten Materialien und Räume dieses beziehungsstiftende Kriterium erfüllen.

Die anderen Kinder

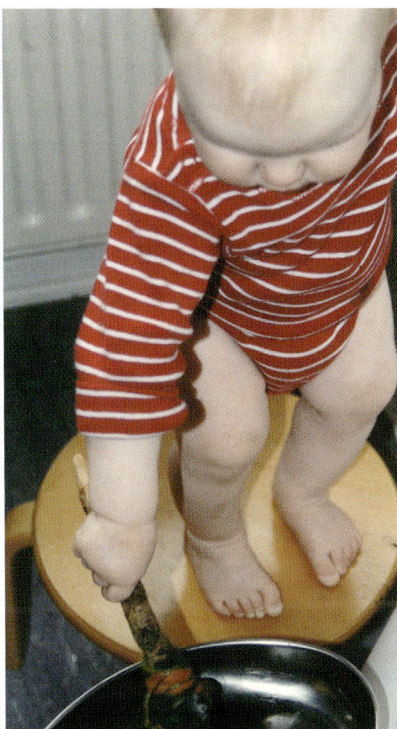

Julia, 1,3 Jahre alt, greift zum Wollpinsel, den Mattis in der Nierenschale abgelegt hat, und vermalt die restliche Farbe an der Staffelei auf einem neuen Blatt Papier, das ihr die Erzieherin schnell hinhängte, weil sie das Mädchen beobachtet hatte. Julia hatte die Malaktion von Mattis äußerst interessiert beobachtet und ahmte ihn ganz offensichtlich nach. Mehrmals wiederholte sie folgenden Vorgang: Sie stieg auf den Hocker, tauchte den Pinsel in die Farbe, hinterließ Spuren auf dem Papier, legte den Pinsel ab, kletterte vom Hocker hinunter, entfernte sich und begann wieder von vorn.

Welche Bedeutung andere Kinder für Kinder haben, wird in Alltagssituationen am deutlichsten. Beim gemeinsamen Essen und Schlafen, beim Planschen oder Wickeln sind es die anderen Kinder, die beobachtet oder nachgeahmt, als beruhigend oder anregend empfunden werden. Sind die entsprechenden Rahmenbedingungen vorhanden, regen die Kinder einander auch im Bereich des bildnerischen Gestaltens an.

Kinder sind für Kinder wichtig, weil sich nur zwischen ihnen Beziehungen auf der Grundlage von Gleichheit, Gleichrangigkeit und Gegenseitigkeit entwickeln. Genauer gesagt: Es sind Gleichaltrige, die füreinander wichtig sind. Durch das gleiche Alter oder den gleichen Entwicklungsstand haben Kinder gleiche Chancen zur Beeinflussung der Beziehungen. Dies ermöglicht ihnen zunächst die Abstimmung ihrer Handlungen aufeinander und in der Folge das Eingehen auf die Bedürfnisse des jeweils Anderen.

Beziehungen zwischen kleinen Kindern entstehen durch räumliche Nähe. Freundschaft ist für sie kein Prozess, sondern ein Ereignis.

Ein Freund ist einer, mit dem man spielt. Die Beziehung ist die – quasi automatische – Folge des Zusammenspielens. Das heißt: Die physische, also räumliche Nähe geht der psychischen Nähe, der Vertrautheit, voraus.[21]

Vertrautheit entsteht durch Kontinuität. Die erste Voraussetzung dafür, dass auch sehr junge Kinder Beziehungen miteinander eingehen, ist, dass ihre Eltern ihnen regelmäßig und über einen längeren Zeitraum hin Begegnungen mit anderen Kindern ermöglichen.

Zwar wurden die Beziehungen, die Kinder unter drei Jahren miteinander eingehen, erst in den siebziger Jahren wissenschaftlich untersucht. Das heißt aber auch, dass seit immerhin 30 Jahren Ergebnisse vorliegen, die das weit verbreitete Vorurteil der »Gruppenuntauglichkeit« kleiner Kindern widerlegen.[22]

---

21 Valtin, R.: Mit den Augen der Kinder. Freundschaft, Geheimnisse, Lügen, Streit und Strafe. Rowohlt Verlag 1991
22 Schneider, K./Wüstenberg, W.: Kinderfreundschaften im Krabbelalter. In: Deutsches Jugendinstitut (Hrsg.): Was für Kinder. Kösel-Verlag 1993, S.130

Mattis hatte Ting-Ting, mit der er befreundet ist, beim Malen beobachtet und wollte auch malen. Er bekam von der Erzieherin einen großen, dicken Pinsel – ein mit Wolle umwickeltes Aststück – und eine dunkle Farbe, damit seine ersten Malversuche auch Spuren hinterlassen.

Projekte zur ästhetischen Bildung

Das Hundertwasser-Projekt

Nicht nur Material wie Kleister und Ton kann kleine Kinder zur Zusammenarbeit anregen, sondern auch die beflügelnde Atmosphäre, die entsteht, wenn sich eine Erzieherin mit mehreren Kindern einem interessanten Thema intensiv widmet.

Beginn des Zwiebelturm-Projekts

Bevor ich Ulla Gollmer-Kröbl kennen lernte, erschien es mir unwahrscheinlich, dass man mit Kindern unter drei Jahren in Projektform arbeiten kann. Zwar halte ich es nach wie vor nicht für selbstverständlich, aber unter bestimmten Bedingungen können Kinder zwischen zwei und drei Jahren offenbar über viele Wochen zusammen an einem Thema arbeiten, wie das folgende Beispiel zeigt:

Ausgangspunkt der nicht als Projekt geplanten Geschichte war ein Band mit Bildern des Malers Friedensreich Hundertwasser, der sich neben anderen Kunstbänden im Bücherregal der Gruppe befand und den die Erzieherin mit den Kindern betrachtet hatte. Da die Kinder sehr angetan waren, besorgte Ulla Gollmer-Kröbl Postkarten mit Bildern von Hundertwasser, die sich die Kinder selbstständig anschauen konnten. In einem Kasten standen sie jederzeit zur Verfügung.

Die Begeisterung der Kinder bewog die Erzieherin, eine Projektgruppe zu bilden, die sich regelmäßig in einem separaten Raum traf und der – in wechselnden Besetzungen – insgesamt acht Kinder im Alter von zwei Jahren und drei Monaten bis drei Jahren angehörten.

Anfangs schauten sich die Kinder die Bilder immer wieder an und machten einander auf Details aufmerksam. Besonders angetan waren sie von den Zwiebeln auf den Türmen. Das brachte die Erzieherin auf die Idee, mit ihnen Türme in Hundertwasser-Manier zu bemalen und sie mit Zwiebeln zu krönen.

Aus dem Werkstattfundus bekamen die Kinder Vierkantholzabschnitte. Reproduktionen der Hundertwasser-Bilder lagen ihnen vor. Im Dialog mit der Erzieherin malten sie die Türme mit leuchtenden Farben an. Da die Kinder den Zwiebeltürmen ihre Aufmerksamkeit vermutlich deswegen geschenkt hatten, weil sie sie mit der Zwiebel als einem Gegenstand ihrer Alltagserfahrung in Verbindung bringen konnten, brachte die Erzieherin für alle Kinder große Gemüsezwiebeln mit, die angeschaut, befühlt, berochen und auf die Türme gelegt wurden.

Die Bemalung der Türme

Die Herstellung der Zwiebeln

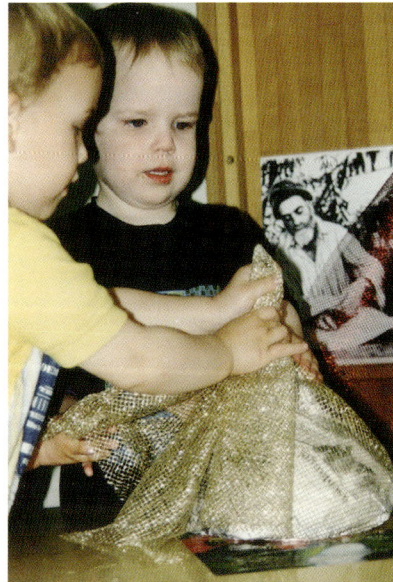  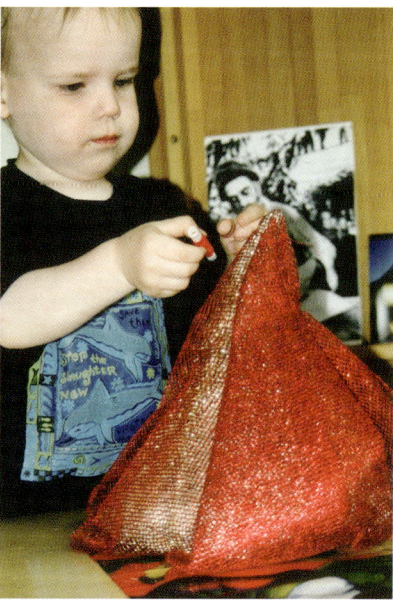

Nachdem Ulla Gollmer-Kröbl eine Zwiebel durchgeschnitten hatte, konnten die Kinder ihr Inneres erkunden. Außerdem ließ sich die zerschnittene Zwiebel als Druckstock benutzen.

Schließlich wollten die Kinder selbst Zwiebeln herstellen. Sie bekamen Zeitungspapier, tauchten es in Kleister und drückten es so zusammen, dass eine Zwiebelform entstand.
  Bei einem weiteren Treffen der Projektgruppe wurde das Pappmaché angemalt.
  Ulla Gollmer-Kröbl kam auf die Idee, dass die Kinder die Zwiebeln auch mit goldenem Tüll verkleiden könnten. Drei kleine Zwiebeln wurden auf diese Weise umhüllt.

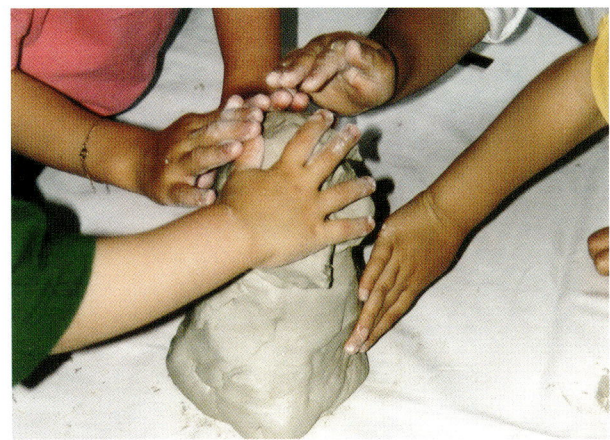
Zwiebeltürme aus Ton

Zwiebelturm mit Baum

 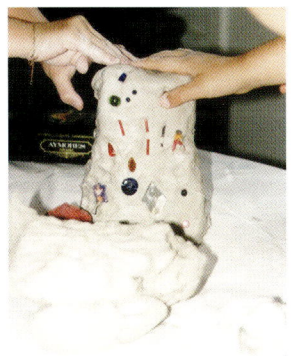

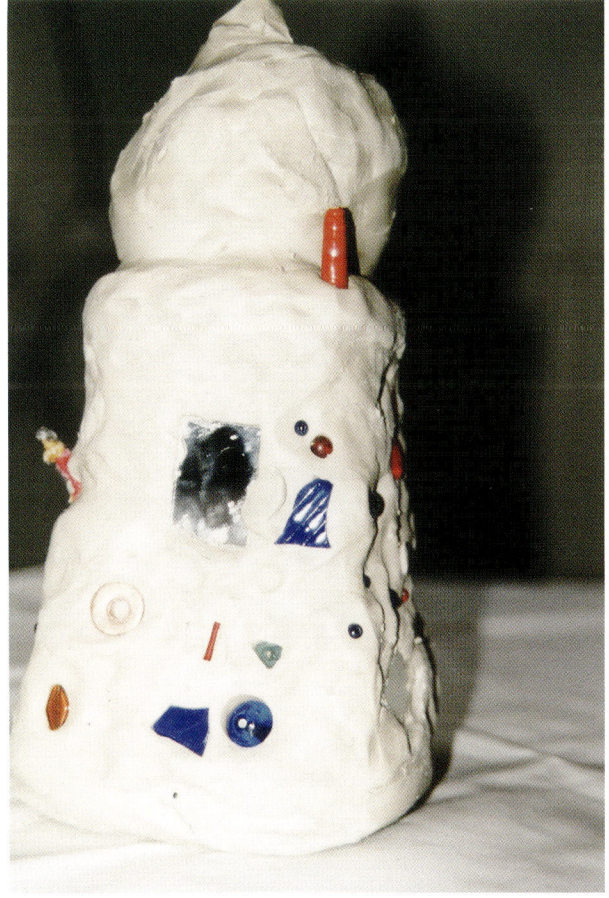

Für die größte Zwiebel wollte Marten unbedingt roten Tüll haben. Aber der goldene Tüll sollte zu sehen sein, da Zwiebeln goldfarbene Schalen haben. Also half ihm Ulla, die schwierige Aufgabe zu bewältigen. Neben den Zwiebeltürmen waren es die Bäume auf den Dächern der Häuser, die die Kinder beeindruckten. Deshalb bohrte die Erzieherin in jeden Turm ein Loch, so dass die Kinder einen Zweig hineinstecken konnten – Symbol für die Bäume auf Hundertwassers Dächern.

Da das Interesse der Kinder an den Türmen nicht nachließ, bot Ulla Gollmer-Kröbl ihnen ein anderes Material an, und zwar Ton. Aus Ton konnten die Kinder Türme besonders gut selbst herstellen. Sie erhielten jeweils die Hälfte eines 10-Kilo-Tonblocks und bearbeiteten ihn so lange, bis er die für sie richtige Form hatte. Auf dem Tisch standen Schalen mit Glasmurmeln und kleinen Glas- oder Spiegelteilen, mit denen sie die Türme schmücken konnten. Zum Schluss holten die Kinder Püppchen, um sie auf die Türme zu setzen, und eine Antenne, damit sie fernsehen konnten.

Die Projektgruppe, die sich mehrere Monate lang wöchentlich mit dem Thema »Hundertwasser« beschäftigte, hatte sich aus den ältesten Kindern mehrerer Gruppen gebildet. Aus Ullas Gollmer-Kröbls Gruppe nahmen einzelne Kinder die Gelegenheit wahr, sich auch außerhalb der Projektgruppe mit »Hundertwasser« zu beschäftigen. Besonders aktiv war Marten. Er malte einige Tage lang an einem Bild im DIN-A-2-Format, das einen Zwiebel-Turm mit Baum zeigte.

Die Erzieherin hatte bemerkt, dass der Junge von einem Foto im Bildband angetan war, das Hundertwasser mit Bart und Pudelmütze zeigt. Sie kopierte das Foto, schweißte es ein und versah es mit einem Band, so dass Marten es immer dabei haben konnte. Als sie ein Bild auf der Staffelei sah, das Marten gemalt hatte, kam es ihr so vor, als habe es eine gewisse Ähnlichkeit mit dem Konterfei Hundertwassers. Sie sprach mit Marten darüber, er fügte dem Bild noch einen Bart und eine Pudelmütze hinzu und gab ihm den Titel »Hundertwasser mit Bart und Pudelmütze«.

Marten, 2,10 Jahre: Zwiebelturm mit Baum. Pigmentfarben mit Pinsel auf Aquarellpapier

Marten 2,10 Jahre: Hundertwasser mit Bart und Pudelmütze. Pigmentfarben mit Pinsel, Zeichentusche mit Kalligraph auf Aquarellpapier

Das Hundertwasser-Projekt 33

Zu den Kindern, die sich die Bilder von Hundertwasser immer wieder anschauten und mit denen die Erzieherin über die Farben und Formen auf den Bildern und über ihre Bedeutungen sprach, gehörte auch Patrizia. Mit drei Jahren war sie das älteste Kind in der Gruppe.

Während sie in der Krippe war, hatte sie viel gemalt und verschiedene, für Krippenkinder ungewöhnliche Techniken ausprobiert. Als Ulla Gollmer-Kröbl ihr Acrylfarben anbot, damit sie ein Bild nach der Vorlage eines Gemäldes von Hundertwasser malen konnte, war das ein spannendes Experiment für die Erzieherin. Acrylfarben sind Farben, die sowohl nass als auch trocken strahlend leuchten. Aber sie trocknen so schnell, dass sie nicht einfach zu handhaben sind.

Projekte zur ästhetischen Bildung

Patrizia, 3 Jahre: Straßen und roter Punkt. Acrylfarben mit Pinsel auf Aquarellpapier

Das Hundertwasser-Projekt

Ting-Ting, 2,8 Jahre: Hundertwasser tot – Zwiebelmützen. Pigmentfarben mit Pinsel auf schwarzem Geschenkpapier

Patrizia bekam also eine Palette, auf die ihr die Erzieherin die Farben, die das Mädchen haben wollte, aus den Tuben drückte. Mit mehreren Pinseln machte sich Patrizia an die Arbeit. Ihr Gemälde nannte sie »Straßen und roter Punkt«.

Als sich die Kinder der Krippe Tornquiststraße mit seinem Werk beschäftigten, starb Friedensreich Hundertwasser. Am Tag darauf erzählte die Erzieherin Ting-Ting, dass Hundertwasser tot sei. Mit Ting-Ting schaute sie sich die Nachricht in der Zeitung mit dem Foto Hundertwassers und anschließend den Bildband an. Ting-Tings Reaktion: »Hundertwasser! Tot! Schade! Kann keine Mütze mehr aufsetzen und keinen Pinsel mehr in die Hand nehmen.«

Ulla Gollmer-Kröbl fragte Ting-Ting, ob sie ein Bild malen wollte. Als das Mädchen dies bejahte, suchte Ulla nach einem dem Anlass entsprechenden Papier und fand schwarzes Geschenkpapier. Aus den vorhandenen Farben wählte Ting-Ting Rot, Blau und Gold, malte konzentrisch angelegte Vierecke beziehungsweise Quadrate und setzte zum Schluss zwei Formen unten auf das Bild, die sie als »Zwiebelmützen« bezeichnete.

Ein Thema aus der Welt der Kunst, mit künstlerischen Mitteln umgesetzt

Wie ist es möglich, dass Kinder im dritten Lebensjahr gemeinsam an einem Thema aus der Welt der Kunst arbeiten und sich mit künstlerischen Mitteln ausdrükken?

Ich mutmaße: Es war der fantastische und zugleich realistische Charakter der Gemälde, der die Kinder zum Staunen brachte und ihre Fantasie anregte. Mit der Auswahl der Bilder hatte die Erzieherin also ins Schwarze getroffen. Damit es nicht bei der Bildbetrachtung blieb, musste sie aktiv werden und am richtigen Punkt anknüpfen. Sie fand ihn, weil sie die Kinder aufmerksam beobachtet und ihnen zugehört hatte.

Dazu gehörte, dass die Kinder über »Handwerkszeug« verfügten, also vorher zahlreiche Gelegenheiten hatten, sich mit Händen, Farben, Pinsel und Papier auszudrücken. Zum anderen musste es Medien geben – in diesem Fall Bücher, aber auch Postkarten und Poster – die für die Kinder als »Gedächtnis« fungierten. Zum Dritten liegt es in der Natur des bildnerischen Gestaltens selbst, dass es materielle Produkte oder Zeugnisse eines Handlungsprozesses hervorbringt, auf die man sich wieder beziehen kann.

Von zentraler Bedeutung war jedoch Ulla Gollmer-Kröbls einfühlsame Wahrnehmung der mimischen, gestischen und verbalen Äußerungen der Kinder. Darüber hinaus musste die Erzieherin die angemessene Antwort auf die Eindrücke der Kinder geben,

Als der Anknüpfungspunkt da war, musste sie Materialien und Techniken anbieten, die die Kinder weder unter- noch überforderten, sondern an ihren Fähigkeiten anknüpften. Das heißt: Die vorangegangenen Aktivitäten waren ebenso wichtig wie die aktuell zündende Idee. Der Funke sprang deswegen über, weil die meisten der am Projekt beteiligten Kinder Vorerfahrungen mit dem bildnerischen Gestalten hatten. Schon seit Monaten hatten sie sich intensiv mit Farben und Formen auseinander gesetzt und waren – die einen mehr, die anderen weniger – in der Lage, das, was sie ausdrücken wollten, auch umzusetzen.

und zwar zum richtigen Zeitpunkt und nicht nur verbal, sondern handelnd, denn sonst zerreißt der Zusammenhang, der die sinnlichen Eindrücke, die emotionale Beteiligung und das Handlungsinteresse der Kinder verbindet.

Sowohl für die Kinder und die Eltern als auch für die Kolleginnen in der Kita war es wichtig, dass das Projekt seinen Abschluss in einer Ausstellung fand. Dafür wurden die begrenzten Ausstellungsflächen im Treppenhaus und auf den tiefen Fensterbänken des Altbaus der Krippe Tornquiststraße genutzt. Das Projekt wurde mit einem kurzen Text, zwei Postern von Hundertwasser, Fotos von den Kindern und einer Auswahl ihrer Werke präsentiert.

Ein Thema aus der Welt der Kunst, mit künstlerischen Mitteln umgesetzt

Ausstellung der Arbeiten der Kinder, die im Rahmen des Zwiebelturm-Projekts entstanden sind

Ästhetische Bildung als Teil einer eigenständigen Krippenpädagogik

Die Auseinandersetzung mit ästhetischen Bildungsprozessen von Kindern im Krippenalter führt auf ein noch weitgehend unbeackertes Feld. In der Praxis wird dieses Feld dadurch bestimmt, dass Kindern unter drei Jahren, wenn überhaupt, Buntstifte angeboten werden, mit denen sie kritzeln können. Nach meinem Eindruck gehören Fingerfarben nach wie vor zu den Ausnahmen.

In der Wissenschaft ist die Literatur über Kinderzeichnungen allerdings fast unübersehbar. Seit ungefähr hundert Jahren gibt es sowohl quantitative[23] als auch qualitative[24] Untersuchungen der Zeichnungen von Kindern. Ob Pestalozzi oder Fröbel, ob Kunstpädagogen wie Alfred Lichtwark oder Entwicklungspsychologen wie Charlotte Bühler – sie alle interessierten sich für die schöpferische Aktivität des kleinen Kindes durch bildnerisches Gestalten.

Diejenigen, die sich seit dem Ende des vorletzten Jahrhunderts mit den Entwicklungsphasen des bildnerischen Vermögens beim Kind auseinander setzten, sind sich darin einig, dass es eine erste Kritzelperiode gibt, die ungefähr bis zum dritten Geburtstag dauert. Die Literatur über diese Phase ist allerdings überschaubar und, wie bei Rudolf Seitz, dem Pionier auf dem Gebiet der ästhetischen Erziehung von Kindergartenkindern[25], von Begriffen der Entwicklungspsychologie geprägt. Seitz charakterisiert die Bildsprache des Kindes als Entwicklung vom »intellektuellen Realismus« zum »visuellen Realismus«, den das Kind mit zirka zwölf Jahren erreicht[26].

Es liegt nahe, dass sich Kunstpädagogen, die für die Schule ausgebildet werden, erst mit Kindern ab dem Schulalter beschäftigen. Deshalb ist es eigentlich nicht verwunderlich, dass es eine, wie Hans-Günther Richter formulierte, »ungeschriebene Vorgeschichte der zeichnerischen Entwicklung«[27] gibt, die im Schmieren und Sudeln besteht. »Über die frühesten Entwicklungen von Bewegungsabläufen, die im Deutschen mit dem (negativ besetzten) Oberbegriff ›Schmieren‹ gekennzeichnet werden, liegen in der Literatur erstaunlich wenig Hinweise vor. Im Zentrum der Aufmerksamkeit der Untersuchenden steht die Entwicklung der motorischen und der visuellen Aktivitäten, die etwa nach dem fünften Lebensmonat zum visuell gelenkten Greifen führen... Es wird fast immer übersehen, dass es im Laufe dieser Entwicklung auch zu den frühesten (motorischen) Ausdruckshandlungen kommt. In psychoanalytisch orientierten Darstellungen wird allerdings die Entwicklung des Spurschmierens im Zusammenhang mit dem Erwachen der sog. Analen Libido gesehen, wenn auch nicht weiter verfolgt... Das Kind wird aber auf die Fähigkeit selbst nicht verzichten (wollen) und mit Surrogaten von Kot o.ä. ›schmieren‹. Von diesen frühen Schmieraktivitäten führt über die vielen uns bekannten Formen von Schlammschlachten, Wasserschlachten, Klecksen, Sudeln o.ä. in der Kindheit und Jugend ein direkter Weg zur Behandlung der Farbe und verwandter Materialien in expressiven Gestaltungen. Diese Nähe von künstlerischer ›Expression‹ und frühen Schmieraktivitäten wird besonders deutlich im sog. Abstrakten Expressionismus oder dem Tachismus u.a. Stilrichtungen in der sogenannten Modernen Kunst.«[28]

Nach Hans-Günther Richter wies der Franzose Naville als erster darauf hin, »dass es sich beim Spurschmie-

---

23 Beispielsweise Kerschensteiner, G.: Über die Entwicklung der zeichnerischen Begabung. München 1905. Kerschensteiner analysierte 300 000 Zeichnungen von Volksschulkindern der Stadt München. Siehe dazu: Ozinga, C.: Die schöpferische Belebung des Kindes durch bildende Kunst. Verlag Biel 1971
24 Beispielsweise Stern, W. L.: Die zeichnerische Entwicklung eines Kindes von 4 bis 7 Jahren. Leipzig 1909. Siehe dazu: Ozinga, C.: Die schöpferische Belebung des Kindes durch bildende Kunst. Verlag Biel 1971
25 Seitz, R.: Ästhetische Elementarbildung. München 1974
26 Seitz, R.: Kunst in der Kniebeuge. Don Bosco Verlag 1997, S. 22
27 Richter, H.-G.: Die Kinderzeichnung. Verlag Schwann 1987, S. 23
28 a.a.O., S. 23f.

Rosa, 2,10 Jahre: Mutter mit gelbem Kleid

ren, um die früheste Art von Objektivierung handele...«[29] Richter stellte auch fest, dass Naville, wie der von mir eingangs erwähnte französische Psychoanalytiker Widlöcher, eine wissenschaftliche Auseinandersetzung mit der Vorgeschichte der zeichnerischen Entwicklung forderte, die bis zum Ende der 1980er Jahre nicht erfolgt war. Mir ist sie bis heute nicht bekannt.

Einer der Gründe dafür besteht meiner Ansicht nach darin, dass sich nicht die Erziehungswissenschaft – von Ausnahmen wie Gerd E. Schäfer abgesehen –, sondern die Psychologie mit der Entwicklung der Fähigkeiten kleiner Kinder beschäftigt. Als empirische psychologische Forschung ist sie in der Regel weder alltags- noch kontextorientiert und auch nicht an Umsetzungsfragen interessiert. Wenn sie Kinderzeichnungen analysiert, operiert sie mit Begriffen wie Auge-Hand-Koordination oder Differenzierung von feinmotorischen Fähigkeiten. Konkrete ästhetische Bildungsprozesse von kleinen Kindern in der Familie oder in einer Krippe analysiert sie nicht. Dennoch bleibt ihr gar nichts anderes übrig, als sich auf den konkreten familiären Alltag, auf eine bestimmte institutionelle Praxis und auf die spezifische Beziehung zwischen mindestens einem Erwachsenen und einem malenden Kind zu beziehen. Damit wird sie zum Abbild – man könnte auch sagen, zum Opfer – vorhandener pädagogischer Praxis. Die erziehungswissenschaftliche Perspektive könnte sich davon unterscheiden, indem sie den Kontext einbezieht.

Eine eigenständige, erziehungswissenschaftlich fundierte Krippenpädagogik, die sich mit der ästhetischen Bildung von Kindern unter drei Jahren beschäftigt, ist zu ihrer Entwicklung auf die Auseinandersetzung mit

29 a.a.O., S. 24

Juliana, 2,11 Jahre: Mutter mit rotem Kleid

Ästhetische Bildung als Teil einer eigenständigen Krippenpädagogik

Die einfühlende Beziehung der Erzieherinnen zu den Kindern müsste in der Theorie wie in der Praxis ästhetischer Bildung in der Krippe von zentraler Bedeutung sein. Ulla Gollmer-Kröbl entwickelte solche Beziehungen. Sie beobachtete die Kinder, und sie probierte aus. Weil sie nicht nur gelegentlich, zum Beispiel als externe Kunstpädagogin, ein Angebot machte, sondern den Kindern im Alltag verbunden war, konnte sie der Individualität der Kinder gerecht werden.

So bot sie Rosa, die stark sehbehindert war, einen Spiegel als Malgrund an und stellte fest, dass das Mädchen sich durch den Spiegel mehr als durch andere Untergründe zum Malen animiert fühlte. Der Wunsch, die Bilder aufzubewahren, die Rosa auf den Spiegel gemalt hatte, führte zu Einmal-Drucken. Selbstverständlich war das Malen auf dem Spiegel nicht nur für Rosa, sondern auch für andere Kinder attraktiv.

Als Ting-Ting, deren Eltern aus China stammen, in ihre Gruppe kam, beschäftigte sich Ulla Gollmer-Kröbl mit chinesischer Kultur. Ting-Ting malte nicht nur ausgesprochen gern, sondern sie entwickelte zwischen dem zweiten und dem dritten Lebensjahr ihre malerischen

entfalteter pädagogischer Praxis angewiesen. Ich sehe Ulla Gollmer-Kröbl als Pionierin auf diesem Gebiet und hoffe, dieses Heft möge dazu beitragen, dass ihre Arbeit aufgegriffen und weiterentwickelt wird.

Fähigkeiten mit einer solchen Geschwindigkeit, dass die Erzieherin auf die Idee kam, einen chinesischen Tuschstein für sie zu besorgen, mit dem die kaum Dreijährige sich ihre Farbe – durch Reiben – erst ein-

Ästhetische Bildung als Teil einer eigenständigen Krippenpädagogik

Ting-Ting, 2,10 Jahre: Apfel. Nach Vorlage mit Pinsel, Aquarellfarbe und Deckfarbe auf Packpapier

Ästhetische Bildung als Teil einer eigenständigen Krippenpädagogik

Als sie 1,7 Jahre alt war, malte Ting-Ting die vor ihr stehende gelbe Primel im Topf mit Graphitstift und Aquarellfarben

Marten, 1,8 Jahre: Mond im Mond. Einmaldruck

Ästhetische Bildung als Teil einer eigenständigen Krippenpädagogik 45

Ting-Ting, 2,9 Jahre: Chinesischer Drache

Milan, 2,6 Jahre: Autos mit Blinklichtern auf dem Dach

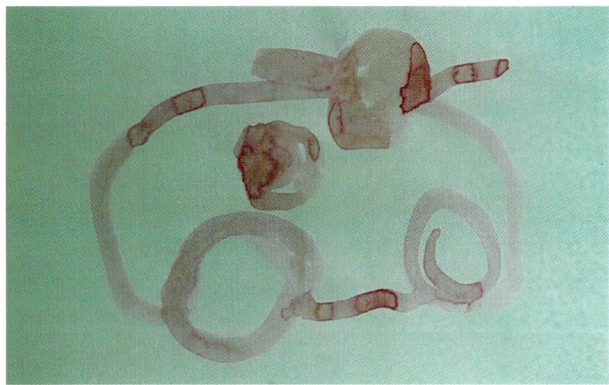

Milan, 2, 6 Jahre: Rotes Auto mit Blinklichtern auf dem Dach

Milan, 2,6 Jahre: Grünes Auto mit Blinklichtern auf dem Dach

mal selbst herstellen musste, bevor sie anfangen konnte, zu malen.

Die Sicherheit Ting-Tings im Umgang mit dem Handwerkszeug eines Malers und ihre in diesem Alter verblüffende Fähigkeit, ihre Eindrücke auszudrücken, animierten Ulla Gollmer-Kröbl, sich immer neue Herausforderungen für Ting-Ting auszudenken. Da war es war schon beinahe eine leichte Übung, Ting-Ting einen Apfel hinzulegen, mit ihr zu überlegen, welche Farben sie braucht, um ihn zu malen, und ihr die Farben zur Verfügung zu stellen.

Zu den Techniken, die Ulla Gollmer-Kröbl erfolgreich mit den Kindern ausprobierte, gehörte der Linoldruck. Dies lag aus zwei Gründen nahe. Zum einen macht Kindern das Rollen mit einer Walze großen Spaß, zum anderen können sie in der Farbfläche gut malen.

Marten war 1,8 Jahre alt, als ihn der Mond beschäftigte, wie seine Mutter der Erzieherin berichtete. Mit einem Holzspatel zeichnete er einen »Mond im Mond« auf die Glasfläche, die er zuvor mit schwarzer Linolfarbe eingefärbt hatte. Nachdem er von der Erzieherin ein passendes Blatt Papier erhalten hatte, zog er es sorgfältig von der Glasplatte ab. Der Einmaldruck entstand.

Eine so intensive Förderung der gestalterischen Fähigkeiten kleiner Kinder, wie Ulla Gollmer-Kröbl sie betrieb[30], macht zweierlei deutlich: Erstens sind die Potenziale von Kindern im Krippenalter viel größer, als wir Erwachsene uns vorstellen, und zweitens sind die individuellen Unterschiede zwischen den Kindern in diesem Alter schon so groß, dass es ebenfalls erstaunlich ist.

Dennoch durchlaufen alle Kinder, wenn sie es dürfen, eine Phase, die man »Matschphase« nennen kann und in der sie, mehr oder weniger ausgiebig, mit verformbarem Material gestalten. Wie die anderen Kinder der Gruppe von Ulla Gollmer-Kröbl experimentierte auch Milan mit Kleister und Farben. Danach malte er jedoch weder »Urknäule« noch »Urkreuze« und auch keine »Kopffüßler«, sondern Autos und schließlich ganze Serien davon. Seine ausgesprochene Vorliebe für das Spiel mit Autos hatte die Erzieherin schon beobachtet. Besonders fasziniert zeigte er sich vom Geräusch des Martinshorns.

---

30 Ulla Gollmer-Kröbl ging 2002 in Pension.

Quellen, aus denen Erwachsene schöpfen können

Erinnerung

Da jedes Kind mit einem kreativen Potenzial auf die Welt kommt, haben auch wir Erwachsene eine Quelle, aus der wir schöpfen können. Um die Kreativität von kleinen Kindern zu fördern, könnten Sie sich also an Ihre Kindheit erinnern: Was hat Sie besonders interessiert? Gab es brennende Fragen, auf die Sie Antworten suchten? Womit haben Sie experimentiert? Was haben Sie erfunden? Konnten Sie etwas, auf das Sie besonders stolz waren? Haben Sie Erfahrungen des Scheiterns gemacht? Was ist Ihnen nicht gelungen?

Donata Elschenbroich hat in ihrem Buch über das »Weltwissen der Siebenjährigen« den Vorschlag gemacht, für jedes Kind ein »Ich-als-Kind-Buch« anzulegen.[31] Wenn es sich bei einem solchen Buch nicht nur um eine Ansammlung von Daten – konnte dann und dann den ersten »Kopffüßler« malen – oder Bewertungen – schneidet gern aus – handelt, sondern um eine Sammlung von Antworten auf die Frage nach den Interessen oder den Erfindungen des Kindes, dann zeigt dieses Buch die Entfaltung seines kreativen Potenzials. Ich schlage vor, dass Sie sich selbst mit Hilfe eines »Ich-als-Kind-Buches« der Entwicklung Ihrer kreativen Fähigkeiten vergewissern.

Selbst ausprobieren

Anstrengend an der Arbeit mit kleinen Kindern ist, sich zu ihnen hinunterzubeugen. Beglückend kann es sein, durch die Arbeit mit diesen Kindern zu den eigenen Ursprüngen zurückkehren zu können: Entweder Sie haben die Lust am Matschen und Schmieren selbst erlebt, oder Sie haben das verpasst.

In meinen Fortbildungen für Erzieherinnen zur Kreativitätsförderung von Kindern in der Krippe und im Kindergarten steht die erlebte oder verpasste Lust am Experimentieren im Zentrum. Es geht darum, selbst auszuprobieren, mit den eigenen Händen, Augen und Ohren Erfahrungen zu machen und sich nicht nur von den Erfahrungen anderer erzählen und Wissen vermitteln zu lassen. Selbst die Konsistenz von Kleister in Ruhe zu erkunden, Ton mit der eigenen Kraft zu bearbeiten und in die Welt der Farben einzutauchen ist nicht nur ein Erlebnis, das deswegen besonders nachhaltig wirkt, weil wir es mit unseren eigenen Sinnen erleben, sondern es wird auch unserer individuellen Geschichte als Lernende am meisten gerecht. Biografische Anknüpfungspunkte, die uns in die Lage versetzen, Gelerntes in unser tägliches Handeln zu integrieren und es der vorhandenen Situation anzupassen, finden wir am besten im Tun.

Deshalb kann ich Sie dazu nur ermutigen. Wenn Sie kein passendes Fortbildungsangebot finden, probieren Sie die beschriebenen Materialien mit Ihren Kolleginnen in der Kita aus. Nehmen Sie sich die Zeit im Rahmen Ihrer Teambesprechungen oder, noch besser, bei einem Teamtag, an dem Sie diejenigen einbeziehen können, die keine Kinder unter drei Jahren betreuen. In der Kombination mit der Lektüre von Texten aus diesem Heft oder aus der angegebenen Literatur könnten sich auch Ihre Kolleginnen auf lustbetonte Weise mit den Grundzügen ästhetischer Bildung für Kinder von null bis drei Jahren vertraut machen.

Interesse an Bildender Kunst

Sie müssen keine Künstlerin oder Kunstkennerin sein, um kreative Gestaltung anzuregen. »Es genügen Offenheit und die Bereitschaft, sich mit Kindern den Dingen des Alltags fragend zu nähern.«[32] Wenn Sie sich allerdings für Malerei und Bildende Kunst im Allgemeinen und für Moderne Kunst im Besonderen interessieren,

---

31 Elschenbroich, D.: Weltwissen der Siebenjährigen. Verlag Antje Kunstmann 2001, S. 159 ff.
32 Kathke, P.: Sinn und Eigensinn des Materials. Band 1. Beltz Verlag 2001, S. 206

Die Konsistenz von Kleister wird erkundet.

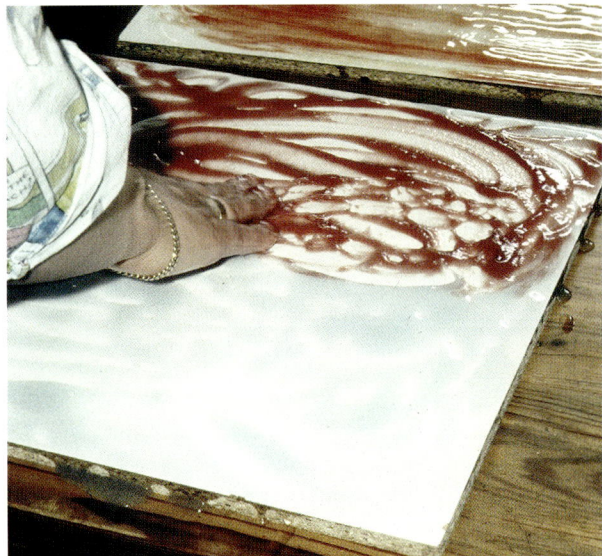

Der Kleister wird mit Pigmenten vermischt.

Große Klumpen Ton werden bearbeitet.

Mit Farben wird auf Aquarellpapier experimentiert.

können Sie dies hervorragend in Ihre pädagogische Arbeit einbringen.

Die Moderne Kunst bietet eine viel direktere Verbindung zwischen kleinen Kindern und den Bildenden Künsten als die Beschäftigung mit traditioneller Malerei. In der zeitgenössischen Kunst sind spielerische Verfahren und experimentelle Techniken zu finden, die Kindern sehr entgegenkommen. Petra Kathke breitet in zwei materialreichen Bänden über »Sinn und Eigensinn des Materials« eine fast unerschöpfliche Fülle von Anregungen aus – zwar nicht für die Arbeit mit Krippenkindern, sondern mit älteren Kindergartenkindern, hauptsächlich aber mit Kindern vom

Grundschulalter an. Besonders faszinierend sind die engen Bezüge, die die Kunstpädagogin und Kunsthistorikerin zwischen den Möglichkeiten von Kindern, sich mit Materialien auseinander zu setzen, und moderner Kunst herstellt. Sie reichen von der Rolle, die Alltagsgegenstände und Fundstücke bei den Dadaisten und in der Pop Art, bei Kurt Schwitters und Robert Rauschenberg spielen, bis zu den großformatigen Bildern von Anselm Kiefer, der die Leinwand mit Tonschlamm, Sand, Stroh und Steinen bedeckte, um die wüsten Landschaften von Kriegsschauplätzen darzustellen.

Unterschiede im Team

Jede und jeder von uns hat bestimmte Stärken und Schwächen. Oft sind diejenigen, die sich gern bewegen, weniger am bildnerischen Gestalten interessiert und umgekehrt. Solche Unterschiede sollte ein Team nutzen.

Wenn also zwei oder mehrere Erzieherinnen zusammenarbeiten, könnte die Erzieherin, die eine Vorliebe für das bildnerische Gestalten hat, für diesen Bereich zuständig sein. Die Zuständigkeit bezieht sich sowohl auf die Raumgestaltung als auch auf die Materialauswahl und die Angebote an die Kinder.

Mit der Festlegung der Zuständigkeiten sollte die Festschreibung von Unterstützung verbunden sein. Dazu gehört in erster Linie die Möglichkeit zur Teilnahme an einschlägigen Fortbildungen und die Auseinandersetzung mit Literatur.

Zu den Büchern, die ich dazu empfehlen kann, gehört das Buch der kanadischen Erziehungswissenschaftlerin Ingrid Crowther »Im Kindergarten kreativ und aktiv lernen – auf die Umgebung kommt es an«, das sich zwar nur unter anderem mit »Kreativität und Kunst« befasst, aber den Entwicklungsstadien in der Bildenden Kunst anhand vieler praktischer Beispiele von Kindern unter drei Jahren ein eigenes Kapitel widmet.[33] Darüber hinaus enthält der Text eine Fülle von Anregungen, insbesondere zu Spielen mit Wasser und mit Sand.

Das Buch »Bananenblau und Himbeergrün« von Antje Bostelmann und Heiko Matschull stellt zwar die Arbeit in einem Atelier für Kinder zwischen drei und sechs Jahren vor. Aber am Schluss gibt es ein Kapitel, in dem »Körpermalerei« von Kindern unter drei Jahren geschildert wird. Besonders interessant für Krippenerzieherinnen finde ich die Kapitel »Malen mit Kindern« und »Das Kinderatelier«.[34]

In einem Heft über Kreativitätsförderung darf der Hinweis auf die entfaltete Praxis der ästhetischen Bildung in den Kindertagesstätten in Reggio nicht fehlen. Leider gibt es keine Veröffentlichungen über die kunstpädagogische Arbeit mit den Kindern in den Krippen, sondern nur Berichte von Besuchern der Einrichtungen in Reggio und Dokumentationen im Rahmen der Ausstellungen aus Reggio. Doch Brigitte Sommer hat mit »Tausendfühler. Kreativität in Krippe und Kindergarten« ein Buch vorgelegt, das zwar von Reggio angeregt ist, die praktischen Beispiele aber aus der Arbeit in Berliner Kitas bezieht.[35] Eine gute Einführung in die Theorie und Praxis der Reggio-Pädagogik gibt Annette Dreier.[36] Auch die Arbeit von Dagmar Arzenbacher und Catherine Springer ist von Reggio inspiriert. Die Hefte der Autorinnen zu den Themen »Apfelsine«, »Schnecken« und »Steine« sind eine wunderbare Alternative zu Bastelbüchern. Zuletzt erschienen von Dagmar Arzenbacher »Das Augenheft«, »Das Kohlheft« und »Das Strippenheft«.[37] Die Serie wird fortgesetzt.

---

33 Crowther, I.: Im Kindergarten kreativ und aktiv lernen. Beltz Verlag 2005, S. 310-318
34 Bostelmann, A./Matschull, H.: Bananenblau und Himbeergrün. Beltz Verlag 2003, S. 14-25
35 Sommer, B.: Tausendfühler. Luchterhand 1993
36 Dreier, A.: Was tut der Wind, wenn er nicht weht? Beltz Verlag 2006
37 Siehe Literaturliste

Literatur

Arzenbacher, D./Springer, C.: Das Apfelsinenheft. verlag das netz 2004

Arzenbacher, D./Springer, C.: Das Schneckenheft. verlag das netz 2004

Arzenbacher, D./Springer, C.: Das Steineheft. verlag das netz 2005

Arzenbacher, D.: Das Augenheft. verlag das netz 2005

Arzenbacher, D.: Das Kohlheft. verlag das netz 2006

Arzenbacher, D.: Das Strippenheft. verlag das netz 2007

Beek, A. von der: Bildungsräume für Kinder von Null bis Drei. verlag das netz 2006

Beek, A. von der/Buck, M./Rufenach, A.: Kinderräume bilden. Beltz Verlag 2006

Bostelmann, A./Matschull, H.: Bananenblau und Himbeergrün. Beltz Verlag 2003

Crowther, I.: Im Kindergarten kreativ und aktiv lernen. Beltz Verlag 2005

Dreier, A.: Was tut der Wind, wenn er nicht weht? Beltz Verlag 2006

Elschenbroich, D.: Weltwissen der Siebenjährigen. Verlag Antje Kunstmann 2001

Kathke, P.: Sinn und Eigensinn des Materials. Band 1 und 2. Beltz Verlag 2001

Schäfer, G. E. (Hrsg.): Bildung beginnt mit der Geburt. Beltz Verlag 2005

Schneider, K./Wüstenberg, W.: Kinderfreundschaften im Krabbelalter. In: Deutsches Jugendinstitut (Hrsg.): Was für Kinder. Kösel Verlag 1993

Seitz, M.: Schreib es in den Sand. Don Bosco Verlag 1996

Sommer, B.: Tausendfühler, Luchterhand 1993

Valtin, R.: Mit den Augen der Kinder. Freundschaft, Geheimnisse, Lügen, Streit und Strafe. Rowohlt Verlag 1991

Widlöcher, D.: Was eine Kinderzeichnung verrät. Fischer Taschenbuch 1984

Netztipps

von Michael Kobbeloer

www.schiller-multimedial.de
Der Begriff »Ästhetische Bildung« stammt ursprünglich von Friedrich Schiller, der ihn 1795 in seinem Werk »Über die ästhetische Erziehung des Menschen« einführte. Die Website bietet viele multimedial aufbereitete Infos über Schiller.

www.bdk-online.info
Der Fachverband für Kunstpädagogik (BDK) ist der einzige Fachverband für Lehrende im kunstpädagogischen Bereich. Er bemüht sich um die Förderung der kulturellen Bildung, der ästhetischen Erziehung und der Auseinandersetzung mit der Kunst sowie den Massenmedien.

www.kunsttherapie.de
Interessante Vortragstermine, Diplomarbeiten und Buchbesprechungen rund um das Thema Kunsttherapie. Zwar als interaktiver Info-Pool und Plattform für Fachleute konzipiert, aber auch interessierte Laien finden hier viele Informationen über Kunsttherapie.

www.recyclingbasteln.de
Aus alten CDs, Deckeln, Eisstäbchen, Filmdosen kann man Vieles basteln. Woher man das »Material« bekommt, steht ausführlich auf dieser Seite.

www.zusatzstoffe-online.de
Wer mit Lebensmittelfarben arbeitet, kann über die Eingabe der E-Nummer genaueres über den entsprechenden Stoff erfahren. Vorsicht ist vor allem bei allergieauslösenden Stoffen geboten.

www.mein-gesundshop.de
Auf den Seiten der »Alten Sonnenapotheke« finden sich Informationen zu natürlichen Lebensmittelfarben, die laut Angabe der Betreiber bisher keine allergischen Reaktionen hervorrufen und alle natürlichen Ursprungs sind. Durchklicken über › (Übersicht) Sitmap › Tipps für Haus und Garten – Natürliche Lebensmittelfarben.

www.oekotest.de
Die Zeitschrift Ökotest testet regelmäßig auch Produkte wie Kinderplanschbecken, Malkreide und Farben. Viele Tests sind kostenlos auf der Seite abrufbar. Besonders bei Kinderplanschbecken sind bei den letzten Tests hochgiftige Schadstoffe gefunden worden.

www.hundertwasser.de
Das Kunsthaus in Wien bietet auf seinen Seiten viele Informationen zur Biografie, Architektur, Malerei und Philosophie von Friedensreich Hundertwasser. Die Bilder bieten Anregungen für die künstlerische Umsetzung in der Kita.

www.dialog-reggio.de
Die Vereinigung zur Förderung der Reggio-Pädagogik in Deutschland e.V. hält auf ihrer Seite aktuelle Informationen bereit, informiert über regionale Kontakte, verweist auf Literatur und Links. Darüber hinaus bietet die Seite ein Forum für alle, die sich mit Anregungen, Tipps, Fragen oder Erfahrungen am Reggio-Diskurs beteiligen möchten.

www.kinder-frueher-foerdern.de
Die Bertelsmann Stiftung möchte mit diesem Projekt erreichen, dass Kinder von null bis drei Jahren in anregenden und bildungsfördernden Lebens- und Lernwelten individuell begleitet und gestärkt werden. Hierzu entwickelt sie Projekte und Angebote für pädagogische Fachkräfte und politische Entscheidungsträger.

www.deutschland-wird-kinderfreundlich.de
Von einem wirklich kinderfreundlichen Deutschland sind wir sicherlich noch weit entfernt. Diese Seite bietet aber eine Übersicht von Beispielen gelungener Kindertagesbetreuung. Durchklicken über › Kinderbetreuung › Gute Beispiele.

Die Autorin

Angelika von der Beek ist Diplom-Pädagogin, Fachberaterin und Fortbildnerin. Zusammen mit Matthias Buck leitet sie das Institut für die Gestaltung von Bildungsräumen für Kinder.

Kontakt:

Kind und Raum
c/o Angelika von der Beek
Neanderstr. 9
20459 Hamburg
Tel.: 040/34 99 38 88
Fax: 040/34 99 38 87
E-Mail: vonderbeek@t-online.de

Unter dem Begriff Weltwerkstatt werden elementarpädgogische Ansätze und dazu passende wissenschaftliche Modelle zusammengefasst, die den Kindern ein Höchstmaß an Eigenbeteiligung am Prozess ihrer Bildung ermöglichen.

In der Publikationsreihe erscheinen Materialien für die Altersspanne von null bis sechs Jahren zu folgenden Themen
• Beobachten und Dokumentieren
• Elementare Didaktik
• Fortbildungsbausteine
• Theoretische Grundlagen

Das Team

Prof. Dr. Gerd E. Schäfer, Universität zu Köln
Dipl. Päd. Marjan Alemzadeh
Dipl. Päd. Barbara Bach
Dipl. Päd. Angelika von der Beek
Dipl. Päd. Hilke Eden
Dipl. Päd. Kathrin Meiners,
Dipl. Päd. Diana Rosenfelder
Dr. Roswitha Staege
Dipl. Päd. Antje Steudel